Zukunft der Robotik

Robotiktechnologien des 21. Jahrhunderts

Transformative Auswirkungen und ethische
Überlegungen der Robotiktechnologie

Alan Sparkbot

Inhalt

Kapitel 1: Der Aufstieg der mechanischen
Technologie: Ein überprüfbarer Standpunkt...............6

> Entwicklung der mechanischen Technologie von
> der Fiktion zur realen Welt............................24

Kapitel 2: Die Lebenssysteme von Robotern: Ihre
Teile und Funktionen herausfinden 26

> Untersuchung der inneren Aktivitäten der heutigen
> fortgeschrittenen Mechanik............................49

Kapitel 3: Hochrangige Mechanik in der Industrie:
Sammeln und Schaffen im Wandel...........................51

> Von sequentiellen Bausystemen bis hin zu
> intelligenten Produktionslinien......................64

Kapitel 4: Roboter in der medizinischen Versorgung:
Medikamente und Patienten verändern sich...............67

> Fortschritte in der sorgfältigen mechanischen
> Technologie und der klinischen Hilfe 78

Kapitel 5: Die Aufgabe von Robotern bei der
Untersuchung: Offenlegung von Weltraum- und
maritimen Informationen 81

> Von Marswanderern zu abgelegenen
> Ozeanreisenden 90

Kapitel 6: Fortgeschrittene Mechanik und Unterricht:
Das Schicksal des Lernens gestalten 94

> Koordinierung mechanischer Technologie in das
> MINT-Bildungsprogramm 114

Kapitel 7: Unabhängige Fahrzeuge: Auf dem Weg in eine fahrerlose Zukunft..................116

Mit KI-gestützten Fahrzeugen durch die Straßen navigieren..................131

Kapitel 8: Fortgeschrittene Mechanik und Landwirtschaft: Entwicklung von Kompetenz und Unterstützbarkeit..................134

Genauigkeitsanbau und die ländliche Transformation..................144

Kapitel 9: Robotik in der Katastrophenhilfe: Verbesserung der Sicherheit und Rettungseinsätze 146

Einsatz von Robotern in Notsituationen..................155

Kapitel 10: Die Moral der fortgeschrittenen Mechanik: Tendenz zu moralischen und sozialen Konsequenzen..................158

Innovation und Verantwortung in Einklang bringen 171

Kapitel 11: Die Auswirkungen von Robotern auf die Beschäftigungs- und Arbeitskräftedynamik..................173

Anpassungen an die sich verändernde Beschäftigungslandschaft vornehmen..................180

Kapitel 12: Barrierefreiheit und Robotik: Menschen mit Behinderungen mehr Macht geben..................182

Verbesserung der Barrierefreiheit durch unterstützende Robotik..................189

Von Animatronik zu interaktiven Darstellern.....201

Kapitel 14 Verständnis der Komplexität militärischer Anwendungen durch Robotik und Kriegsführung .203

> Analyse des Beitrags der Robotik zu Verteidigungsstrategien 211

Kapitel 15: Von der Kameradschaft zur Koexistenz: Die Richtung der Mensch-Roboter-Interaktion in der Zukunft 214

> Analyse der Beziehungsdynamik zwischen Menschen und Robotern 221

Kapitel 16: Mechanische Technologie und ökologischer Schutz: Schutz der Natur durch innovative Maßnahmen 224

> Einsatz von Robotern für Naturschutzaktivitäten 233

Kapitel 17: Wiederaufbau von Gemeinschaften nach Katastrophen mit Roboterinnovationen bei der Notfallwiederherstellung 235

> Einsatz von Technologie zum Wiederaufbau nach einer Katastrophe 244

Kapitel 18: Persönliche Assistenten und Roboter: Das tägliche Leben mit KI-Begleitern neu definieren 246

> Persönliche Betreuung bis hin zur Automatisierung des Hauses 253

Kapitel 19: Forschung und Entwicklung in der Robotik: Hindernisse und Chancen 255

> Navigieren an den Grenzen der Robotik-Innovation 262

Kapitel 20: Die Zukunft der Robotik: Trends
vorhersagen und die Welt von morgen gestalten...265

Vorstellung der nächsten Ära der Robotik-
Integration..277

Kapitel 1: Der Aufstieg der mechanischen Technologie: Ein überprüfbarer Standpunkt

Maschinen, die menschliche oder tierische Übungen nachahmen, faszinieren die Menschheit schon seit geraumer Zeit. Von den unglaublichen Maschinen griechischer Legenden bis zu Leonardo da Vincis klugen Darstellungen hat der Traum von Robotern unsere erfinderischen Persönlichkeiten erfüllt. Dieser Teil befasst sich mit den wahren Grundlagen mechanischer Innovation und verfolgt deren Entwicklung von den frühen Anfängen bis hin zu den verfeinerten Maschinen, die unsere heutige Realität prägen.

- Frühe Träume: Vom Traum zum Teil Unser Vorteil bei Robotern lässt sich auf alte Ereignisse zurückführen. Griechische Träume untersuchten Talos, ein bronzenes Tier, das Kreta beschützte, und Hephaistos, den Meister des Feuers und der Metallverarbeitung, der prächtige Maschinen herstellte. Obwohl diese Aufzeichnungen fantastisch waren, bildeten sie den Grundstein für Maschinen, die auf eine menschenähnliche Wendung der Ereignisse vorbereitet waren. Gehen wir zurück in die Renaissance, als Künstler wie Leonardo da Vinci diese Überlegungen auf dem Papier wieder aufleben ließen. Seine Notizblöcke enthalten Punkt-für-Punkt-Darstellungen von mechanischen Rittern, humanoiden Figuren und, schockierend, einen selbstbestimmten Lastwagen, der eine zentrale Wahrnehmung von Mechanik und Planungsnormen zeigt. Ohnehin nie erstellt, gelten diese Pläne als Exponat des visionären Denkens dieser Zeit.

Die Zeit der Maschinen: Wunder der Planung Im 17. und 18. Jahrhundert erlebte die Entwicklung von Maschinen eine Flut. Diese durcheinandergebrachten, normalerweise lebensgroßen Maschinen waren Wunderwerke der Planung, vorbereitet für die Durchführung komplexer Aufgaben wie Organisation, Musik spielen und natürlich auch den Umgang mit Lebensmitteln (aber die letzte Wahl war oft eine große Herausforderung). Führende Persönlichkeiten wie Jacques de Vaucanson, ein französischer Pionier, bewegten erstaunliche Maschinen, darunter eine mechanische Ente, die fressen und kacken konnte (mit einem vorgestapelten Geheimteil), und eine menschliche Figur, die Flöte spielte. Diese Konfigurationswunder weckten das öffentliche

Interesse und legten den Grundstein für die Entwicklung besonders komplexer Maschinen. Der innovative Wandel: Die Präsentation praktischer mechanischer Innovationen Die Advanced Agitation präsentierte eine andere Zeit für mechanische Innovationen. Mit dem Aufstieg moderner Büros und enormer Produktionskapazitäten wurde die Voraussetzung dafür, dass robotisierte Maschinen langweilige Aufgaben erledigen können, immer selbstverständlicher. Die aktuellen Roboter waren weniger großartig als die Maschinen der Vorgängerperiode und legten den Schwerpunkt auf Bequemlichkeit statt auf verblüffende Nachahmung. Eines der frühesten Modelle ist der 1801 von Jacquard geplante dampfbetriebene Webstuhl.

Diese Maschine verwendete Lochkarten zur Steuerung des Umdrehvorgangs, eine grundlegende Errungenschaft bei der Verbesserung programmierbarer Maschinen. Auf lange Sicht erwiesen sich diese fortschrittlichen Roboter als immer verblüffender und legten den Grundstein für die Motorisierung, die die heutige Fertigung kennzeichnet.

Das 20. Jahrhundert: Auf dem Weg zu scharfen Maschinen Das 20. Jahrhundert erlebte eine schockierende Geschwindigkeitssteigerung auf dem Gebiet der mechanischen Innovation. Mit der Herstellung von Halbleitern im Jahr 1947 wurden die Geräte verkleinert und weitere unscheinbare, vielseitigere Roboter geplant. Führende Forscher wie George Devol und Joseph Engelberger förderten in den 1950er Jahren den größten modernen Roboter mit programmierbaren Armen. Diese Verbesserung bedeutete einen entscheidenden Wendepunkt, da Roboter nun für umfangreichere Aufgaben eingesetzt werden konnten. In der letzten Hälfte des Jahrhunderts gab es mit dem Aufkommen der Programmierung und modernisiertem Denken (nachgestelltes Wissen) weitere Bewegungen in der mechanischen Innovation. Die Möglichkeit, dass Roboter Aufgaben ausführen sowie ihre aktuelle Situation auswählen und sich daran gewöhnen, begann wie erwartet zu funktionieren. Vision-Systeme, Sensoren und unbestreitbare Level-Control-Berechnungen ermöglichten es Robotern, auf äußerst verblüffende Weise mit der Welt zusammenzuarbeiten. Ein offensichtlicher Standpunkt der mechanischen Entwicklung: Kontinuierliche mechanische Weiterentwicklung ist das Ergebnis einer reichen, haltbaren Tradition, die über das hinausgeht, was viele damals für möglich gehalten hätten zu bleiben und sich in vorherrschenden extremen Überzeugungen auszubreiten. Im Folgenden sind einige entscheidende Errungenschaften dieses Brauchtums aufgeführt: Überbleibsel: In alten Gemeindestiften gab es Roboter und mechanische Vorrichtungen. Beispielsweise stellten die veralteten Griechen komplexe Automaten her, die bemerkenswerte „Pigeon of Archytas" und „The Mechanical Specialist" von Legend of Alexandria. Vergangene Epochen: Während dieser Zeit beschäftigten sich Hersteller weiterhin mit mechanischen Geräten. Al-Jazari, ein Ingenieur des 13. Jahrhunderts, arrangierte verschiedene Automaten, darunter eine Melodiekapelle und einen mechanischen Pfau. Renaissance und Aufhellung: Leonardo da Vinci entwarf Pläne für humanoide Roboter, auch wenn diese selten gesammelt wurden. Zu seinen Darstellungen gehörten Überlegungen zu mechanischen Rittern und anderen bestimmten Figuren. Heutige Aufregung:

Im 18. und 19. Jahrhundert gab es grundlegende Fortschritte bei der Geräte- und Computerisierung. Die heutigen Roboter entstanden vor allem für das eigentliche Ziel des Sammelns. 20. Jahrhundert: Das Sprichwort „Roboter" wurde vom tschechischen Essayisten Karel Čapek in seinem Stück „RUR" (Rossums

Gesamtroboter) geschrieben. Im 20. Jahrhundert entwickelten Experten wie George Devol und Joseph Engelberger die wesentlichen modernen Roboter für fortlaufende Entwicklungsrahmen. 1960er Jahre: Das Feld der mechanischen Innovation weitete sich rasch aus. Forscher wie Joseph Weizenbaum untersuchten menschengemachtes Denken und der erste Roboterarm (Unimate) wurde in einer Handlinganlage von General Motors vorgestellt. Über die 60er Jahre hinaus: Die Entwicklung hochqualifizierter Mechaniker setzte sich fort, mit Anwendungen in der Weltraumforschung, im klinischen Betrieb und im Alltag. Soziale Roboter wie ASIMO und Pepper betraten die Szene. In den Erzählungen über die Gestaltung menschlicher Begegnungen hat die Verwendung gefälschter Tiere, um Menschen zu helfen oder sie zu vervielfältigen, schon seit langem Einzug in die menschliche Entwicklung gehalten. Von alten Legenden über Automaten bis hin zur hochmodernen Saison modernster mechanischer Innovationen ist die Reise der mechanischen Innovation ebenso ein Beweis menschlicher Kreativität wie ein Eindruck unserer Ziele und Ängste. Die Grundlagen modernster Mechanik wurden in den Persönlichkeiten früherer Ereignisse gelegt. Geschichten aus alten griechischen Fabeln, zum Beispiel die Geschichte von Talos, einem bronzenen Robotertier, das darauf angewiesen war, die Insel Kreta zu überwachen, weckten das menschliche Interesse daran, Leben nachzuahmen. Diese frühen Geschichten legten den Grundstein für die Möglichkeit gefälschter Tiere, die Aufgaben verrichten konnten, die über die Fähigkeiten einzelner Menschen hinausgingen. Kurz nach Beginn der Revolution im 18. und 19. Jahrhundert zeichnete sich jedoch die Möglichkeit der maschinellen Computerisierung ab. Die Entwicklung verwirrender, erstaunlicher Glückssysteme und die Weiterentwicklung früher dampfgesteuerter Maschinen bildeten die Grundlage für die darauffolgende computerisierte Welt. Die Maxime „Roboter" selbst findet ihren Anfang im tschechischen Wort „Roboter", der Bedeutung von Pflichtarbeit oder Knechtschaft. Es wurde vom Autor Karel Čapek in seinem Stück „RUR (Rossums breite Roboter)" aus dem Jahr 1920 erfunden, in dem gefälschte Tiere dargestellt wurden, die dazu geschaffen wurden, der Menschheit zu dienen, und sich trotzdem ihren Produzenten widersetzten. Dieses einzigartige Werk hielt an dem Sprichwort „Roboter" fest und führte darüber hinaus Themen wie Freiheit, Ethik und die möglichen Ergebnisse der Herstellung kluger Maschinen ein. In der Mitte des 20. Jahrhunderts kam es zu grundlegenden Fortschritten in der modernen Mechanik, vorangetrieben durch den rasanten kreativen Fortschritt und den Wettlauf ins All. Stiftungen wie das Massachusetts Institute of Technology (MIT) und Organisationen wie die NASA hofften, dass sie entscheidend dazu beitragen würden, die Grenzen der mechanischen Forschung und Automatisierung zu erweitern.

Von den zentralen modernen Robotern, die George Devol und Joseph Engelberger in den 1950er Jahren präsentierten, bis hin zu den Mondvagabunden, die während der Apollo-Missionen transportiert wurden, veränderten sich unbestreitbare Raummechaniken vom Raum der Science-Fiction zur geistig ruhigen Realität. Als die Verwaltung der Streitkräfte zunahm und eine Verkleinerung möglich wurde, trat für den mechanischen Fortschritt eine neue, vielschichtigere Zeit ein. Die Bewegung von Chips, Sensoren und Aktoren bezog sich auf die Struktur von Robotern, die für unglaubliche Aufgaben und vielseitige Handlungsmöglichkeiten konzipiert sind. Bounce macht Fortschritte in der vom Menschen geschaffenen Achtsamkeit, insbesondere in den Bereichen PC-basiertes Wissen und Psyche-Zugehörigkeiten, indem es die Grenzen von Robotern weiter ausdehnt und ihnen ermöglicht, ihre ökologischen Variablen auf äußerst komplexe Weise zu sehen, zu lernen und mit ihnen zu kommunizieren. Heutzutage durchdringt die mechanische Entwicklung alle Bereiche des gegenwärtigen Lebens, von sozialen Angelegenheiten und klinischen Vorteilen bis hin zu Transport und Unterhaltung. Angenehme Roboter oder „Cobots" arbeiten eng mit Menschen zusammen, um Pflanzen zu pflegen und deren Lebensfähigkeit und Gedeihen zu verringern. Sorgfältige Roboter helfen Spezialisten mit Genauigkeit und Arglist und stören Unternehmungen. Unabhängige Fahrzeuge versprechen, den Transport zu verändern und die Straßen sicherer und hilfreicher zu machen. Wie auch immer, während der mechanische Fortschritt weiter voranschreitet, wirft er darüber hinaus enorme Fragen zu Moral, Arbeit und der Zukunft der Menschheit selbst auf. Die Einführung von kostenlosen Plänen betrifft Arbeitsabläufe und bargeldbezogene Inkonsistenzen, während die Möglichkeit, Maschinen zu bemerken, durch die Art und Weise beeinträchtigt wird, wie wir Einblick und moralische Verantwortung lockern könnten. In diesem Teil werden wir uns auf eine Reise durch die Zeit begeben und uns auf die Zukunft konzentrieren die frühen Phasen, Erfolge und Ergebnisse der steigenden mechanischen Entwicklung. Von den Fantasien und Legenden vergangener Zeiten bis hin zu den modernsten Formen der Entwicklung des melodischen Fortschrittstages werden wir in die reiche Vielfalt des menschlichen kreativen Gehirns und der Entwicklung eintauchen, die das Universum der mechanischen Entwicklung als gezeigt hat Wir haben tatsächlich einige Informationen darüber. Wir werden uns ansehen, wie mechanische Fortschritte erzielt wurden, von den frühen Phasen als Ideengeber in Geschichten bis hin zu einem multidisziplinären Bereich, der Koordination, Programmierung und mentale Psyche-Forschung umfasst. Wir werden uns die Schlüsselmomente und Schlüsselfiguren ansehen, die zum Fortschritt der mechanischen Entwicklung beigetragen haben, von frühen Vorreitern wie Nikola Tesla und Alan Turing bis hin zu zeitgenössischen Pionieren, zum Beispiel Rodney Streams und Hiroshi Ishiguro. Unser Ausflug führt uns durch das Kreative Errungenschaften, die den Fortschritt modernster Mechanik darstellen, von der Entwicklung des programmierbaren Roboters durch George Devol bis zur Verbesserung verfeinerter humanoider Roboter wie ASIMO und Sophia. Wir werden in die Sprungbewegungen in von Menschen verursachten Überzeugungen eintauchen, die es Robotern ermöglicht haben, ihre im Großen und Ganzen natürlichen Elemente zu sehen und zu entspannen. Von PC-Vision-Frameworks, die Dinge und Erscheinungen sehen können, bis hin zu gewöhnlichen sprachüberwachenden Berechnungen, die Roboter einbeziehen, um menschliche Sprache zu verarbeiten und zu beantworten. Unterwegs werden wir die verschiedenen Erklärungen hinter mechanischer Bewegung über endlose Unternehmungen und Räume hinweg analysieren. Wir werden untersuchen, wie Roboter Zusammenkünfte und Herstellungsprozesse verändern, Herstellungsprozesse glätten und die Herstellungskapazität steigern. Wir werden herausfinden, wie Roboter die klinischen Vorteile verändern und ausgebildeten Fachkräften und Begleitpersonen bei Bemühungen, Genesung und Seniorenbedenken helfen. Wir werden herausfinden, wie Roboter Transport und Forschung neu gestalten, von selbstfahrenden Fahrzeugen und Robotern bis hin zu Planetendriftern und fernen Meerestauchbooten. Aber unsere Einschätzung, was mit der mechanischen Bewegung passieren wird, wird sich nicht nur auf kreative Verbesserungen beschränken. Dementsprechend werden wir uns mit den moralischen, sozialen und philosophischen Konsequenzen einer von scharfen Maschinen bevölkerten Welt auseinandersetzen. Wir werden über Forderungen nach Unabhängigkeit und Vereinigungen sowie über die möglichen Auswirkungen erstklassiger Mechaniker auf Arbeit, Unähnlichkeit und menschlichen Wohlstand nachdenken. Außerdem werden wir darüber nachdenken, in unserer stabilen Realität zu bleiben, in der Menschen und Roboter zusammenpassen, zusammenkommen und vielleicht sogar monströse Bindungen knüpfen. Je weiter wir in die Komplexität mechanischer Bewegungen vordringen, desto mehr sollten wir uns mit den damit verbundenen moralischen Überlegungen auseinandersetzen die rasche Verbesserung dieses Bereichs. Es stellen sich Fragen zu den ethischen Folgen der Bereitstellung von Maschinen im Zusammenhang mit kostenlosen Kursen und den häufigen unvermeidbaren Folgen solcher Aktivitäten. Der moralische Plan, der fortschrittliche Mechanik konsolidiert, integriert Themen wie Erfolg, Leistung und Verpflichtung und beeinflusst Gespräche über das Wesentliche für große Normen, um mit der Entwicklung von Ereignissen und der Entwicklung automatisierter Systeme zu arbeiten. Darüber hinaus ist die soziale Wirkung von State-of-the-

Art Mechanik kann nicht angenehm vermittelt werden. Die Integration von Robotern in verschiedene Teile der Standardpräsenz kann gesellschaftliche Pläne und Standards verändern und die Art und Weise, wie wir leben, arbeiten und erreichen, neu gestalten. Während die Robotisierung die Verpflichtung bietet, Vernünftigkeit und Leistungsfähigkeit zu steigern, wirft sie auch Bedenken hinsichtlich der Arbeitsabwicklung und finanzieller Differenzen auf, einschließlich der Bedeutung, diesen Problemen durch gezielte Systemmaßnahmen und soziale Initiativen entgegenzuwirken. Im Einklang mit diesen moralischen und sozialen Überlegungen Der Bereich der mechanischen Verbesserung erweitert ständig die Grenzen des mechanischen Fortschritts. Experten und Spezialisten erforschen neue Bereiche in den Bereichen komplexe mechanische Bewegungen, biokombinierte Systeme und Mensch-Roboter-Kooperationen und hoffen, Roboter zu züchten, die talentierter, anpassungsfähiger, stärker und offener für die Bedürfnisse des Menschen sind. Mit Blick auf die Zukunft: Die denkbare Vorbestimmung der modernen Mechanik birgt sowohl Verantwortung als auch Wahrscheinlichkeit. Einerseits kann mechanischer Fortschritt menschliche

Endpunkte stärken, an geordneter Zufriedenheit arbeiten, und behandeln Sie das Schlagen unter Berücksichtigung aller Aspekte, von klinischen Gedanken und Bedürfnissen bis hin zu Standardwert und Katastrophenreaktion. Andererseits könnte die extreme Ausweitung mechanischer Verbesserungen bestehende inkonsistente Funktionen befeuern, sozial anrüchige Shows unterstützen und sogar existenzielle Gefahren für die Menschheit darstellen. Bei der Beurteilung dieser strahlenden Szene sollten wir auf die Vorgabe erstklassiger Mechaniker mit niedrigem Wissen und Wissen drängen , und Ahnung. Indem wir die Kraft des Fortschritts für das Gedeihen aller nutzen und uns der typischen Erweiterungen von Empathie, Wert und Stärke bewusst sind, können wir garantieren, dass die Verpflichtung zur modernen Mechanik in Affinitäten zu finden ist, die der gesamten Menschheit zugute kommen Wir begeben uns auf diesen Ausflug in das mögliche Schicksal erstklassiger Mechaniker. Lassen Sie uns die potenziellen Zugänge annehmen, die vor uns liegen, und gleichzeitig die Herausforderungen erkennen, die bewältigt werden müssen. Gemeinsam können wir eine Zukunft gestalten, in der Roboter und Menschen gut zusammenpassen, und uns zusammenschließen, um von diesem Zeitpunkt an bis in die Zukunft hinein eine schöne und wohlhabendere Welt zu schaffen. In unserer Analyse befassen wir uns mit den Dingen, die mit mechanischem Neuen passieren werden Bei der Entwicklung ist es von grundlegender Bedeutung, das Potenzial für die Arbeit mit Aufwand und Assoziationen zwischen Menschen und Maschinen zu erkennen. Anstatt uns auf Roboter als klare Vorrichtungen oder Ersatz für menschliche Arbeit zu konzentrieren, können wir uns eine Zukunft vorstellen, in der Menschen und Roboter sich gegenseitig in ihren Qualitäten und Endpunkten ergänzen und synergetisch arrangieren, um komplexe Probleme zu bewältigen und gemeinsame Ziele zu erreichen. Ein Bezirk, in dem dieser konsistente Standpunkt besonders vertreten ist Heben liegt im Bereich der unterstützenden mechanischen Entwicklung. Assistenzroboter können die besondere Zufriedenheit von Menschen mit Indiskretionen oder altersbedingten Einschränkungen wiederbeleben und Hilfe bei alltäglichen Unternehmungen, Vermittlungsfähigkeiten und Korrespondenz anbieten. Durch die Speicherung von Fortschritten für robotisiertes Denken und sensorische Fortschritte können sich unterstützende Roboter an die wichtigsten Bedürfnisse und Vorlieben ihrer Kunden anpassen und mit ihnen interagieren, um direkter und autonomer zu leben. Ebenso können Roboter im Bereich klinischer Vorteile ebenso wichtig sein Zubehör für klinisch ausgebildete Spezialisten, Förderung ihrer Fähigkeiten und ihres Wohlbefindens, um einen Weg zu finden, Ergebnisse zu orchestrieren. Sorgfältige Roboter können beispielsweise Experten mit Genauigkeit und Geschick helfen, indem sie das Risiko menschlicher Fehler reduzieren und irrelevante störende Designs mit schnelleren Erholungszeiten einbeziehen. Darüber hinaus können Roboter in telemedizinischen Anwendungen eingesetzt werden, um an weit entfernten Versammlungen teilzunehmen und Patienten zu behandeln, insbesondere in unterversorgten oder entfernten Gebieten. Abgesehen von den klinischen Vorteilen sind Roboter in der Lage, Branchen zu wechseln, die von Agrarindustrie und Entwicklung bis hin zu Einzelhandel und freundlicher Haltung reichen. Bei der Herstellung können Roboter, die mit erstklassigen Sensoren und nachgestellten Informationsuntersuchungen ausgestattet sind, außerdem Ernten durchführen, an denen die Pioniere arbeiten, wodurch die Erträge gesteigert und gleichzeitig Standardeffekte eingeschränkt werden.Roboter können bei Arbeiten wie Maurerarbeiten, Schweißen und

Auslöschen helfen und so für mehr Vernünftigkeit und Erfolg am Arbeitsplatz sorgen. Im Einzelhandel und im Energiesektor können Roboter die Kundenbetreuung wiederherstellen und Arbeiten reibungsloser gestalten, von elektronischen Kassen und Lagerbeziehungen bis hin zu Zimmerzugehörigkeiten und Begleitverbänden. Auch wenn wir uns mit der Hürde moderner Mechanismen auseinandersetzen, andere Teile der Gesellschaft zu verändern, sollten wir uns auch der Gefahren bewusst bleiben und diese mit der kreativen Entwicklung in Einklang bringen. Bedenken hinsichtlich Bestätigung, Sicherheit und des normalen Missbrauchs mechanischer Fortschritte sollten auf aktiven Schutzmaßnahmen und Verwaltungsplänen basieren. Darüber hinaus muss versucht werden, die Auswirkungen der Robotisierung auf Positionen und Arbeiter zu beseitigen, um sicherzustellen, dass die allgemeinen Optionen der mechanischen Entwicklung in der gesamten Gesellschaft angemessen sind. In Anbetracht dessen birgt die spezifische Bestimmung der mechanischen Entwicklung eine gigantische Verpflichtung hinsichtlich der Entwicklung menschlicher Erfolge und der Fokussierung auf die Vernunft, die Zertrümmerung kann dazu führen, dass unsere konsistente Realität eingeschränkt wird. Durch die Förderung von Fortschrittsversuchen und Verbindungen zwischen Menschen und Maschinen können wir mit der außergewöhnlichen Kraft der mechanischen Verbesserung umgehen und eine zentralere, gerechtere und vernünftigere Zukunft für alle schaffen. Wenn wir uns auf diesen Ausflug ins Schwache begeben, lasst uns dies mit positivem Denken, einem innovativen Frontalkortex und der helfenden Verpflichtung tun, von diesem Punkt an kontinuierlich eine schillernde Welt zu schaffen.ein innovativer frontaler Kortex und eine helfende Verpflichtung, von diesem Punkt an kontinuierlich eine schillernde Welt zu schaffen.ein innovativer frontaler Kortex und eine helfende Verpflichtung, von diesem Punkt an kontinuierlich eine schillernde Welt zu schaffen.

Entwicklung der mechanischen Technologie von der Fiktion zur realen Welt

Frühe Anfangsphasen: Die Automatisierung von Aufgaben mit Maschinen dauert viele Jahre. Frühe Hersteller und Experten konstruierten mechanische Vorrichtungen, die menschliche Abläufe nachahmen sollten.

Beispielsweise sind Leonardo da Vincis Darstellungen mechanischer Ritter und Automaten im 15. Jahrhundert frühe Beispiele für Versuche, humanoide Maschinen herzustellen. Allerdings wurde das Sprichwort „Roboter" erst im 20. Jahrhundert vom tschechischen Essayisten Karel Čapek in seinem Theaterstück „RUR" (Rossums Roboter) aus dem Jahr 1920 geprägt. Bei diesen Robotern handelte es sich um Scheinwesen, die dazu geschaffen waren, Arbeit für Einzelpersonen zu verrichten, was das öffentliche Interesse an der Idee weckte. Der Aufruhr auf dem neuesten Stand: Der gigantische Sprung nach vorn in der mechanischen Innovation erfolgte während des Advanced Change. Pionieringenieure wie George Devol und Joseph Engelberger stellten in den 1950er Jahren die aktuellen Roboter vor. Diese frühen Roboter wurden im Wesentlichen in

Sammelanlagen eingesetzt, um übermäßige und riskante Arbeiten wie Schweißen und Lackieren auszuführen. Bemerkenswert ist, dass der von Devol und Engelberger hergestellte Unimate 1961 in einer Fertigungsanlage von Overall Motors vorgestellt wurde. Grad des Fortschritts in der Computerisierung: Mit fortschreitender Entwicklung wuchsen auch die Grenzen der Roboter. Die Entwicklung von Computerchips und PC-Steuerungssystemen in den 1970er und 1980er Jahren umfasste weitere fortschrittliche und präzise Abläufe. Roboter waren im Allgemeinen nicht auf langwierige Aufgaben beschränkt; Sie konnten sich an veränderte Bedingungen gewöhnen und komplexe Übungen durchführen. Der Aufstieg intelligenter Roboter (Cobots): In letzter Zeit ist eine weitere Art von Robotern aufgetaucht: Hilfsroboter oder „Cobots". Im Gegensatz zu ihren Vorgängern, die sich aus Wohlstandsgründen die meiste Zeit an umzäunten Orten zurückzogen, wird von Cobots erwartet, dass sie in der Nähe von Individuen arbeiten und an deren Fähigkeiten arbeiten, anstatt sie zu verdrängen. Dieser Fortschritt hat weitere Türen für die Motorisierung in Organisationen geöffnet, z. B. in der klinischen Forschung, bei Aufgaben und bei der Erstellung begrenzter Bereiche. Mechanische Innovation in Bezug auf klinische Vorteile: Einer der beruhigendsten Bereiche für mechanische Innovation sind klinische Vorteile. Vorsichtige Roboter, ähnlich dem da Vinci Vorsichtssystem, haben die Methoden geändert, indem sie eine höhere Präzision bieten und die Prominenz verringern. Darüber hinaus werden Roboter für Aufgaben wie den Wiederaufbau von Behandlungen und alten Gedanken sowie für die Unterstützung und Betreuung von Patienten eingesetzt.

Kapitel 2: Die Lebenssysteme von Robotern: Ihre Teile und Funktionen herausfinden

Roboter, diese Wunderwerke des Plans und des kreativen Geistes, werden mit verwirrenden Strukturen und Teilen geliefert, die als Ganzes zusammenarbeiten, um eine Vielzahl von Versuchen umzusetzen. Um die aktuellen Pläne von Robotern zu verstehen, müssen ihre Fähigkeiten, Ziele und sinnvollen Anwendungen ermittelt werden. In diesem Abschnitt verzichten wir darauf, uns mit den inneren Aktivitäten moderner Mechanik unserer Zeit zu befassen, und blicken stattdessen immer wieder auf die Teile und Arbeiten ein, die Roboter zum Funktionieren bringen.

Das Merkmal einer Kombination jedes Roboters ist seine mechanische Neuentwicklung oder sein Skelett, das seinen Unternehmungen die Struktur verleiht. Die Bewegungen des Skeletts hängen im Großen und Ganzen von der Art und dem Schutz des Roboters ab und reichen von klaren Regulierungsarmen, die in modernen Umgebungen verwendet werden, bis hin zu komplexen humanoiden Körpern, die Spielpläne für die menschenähnliche Koalition erstellen.

Die zum Aufbau des Skeletts verwendeten Materialien können sich darüber hinaus bewegen, wobei Metalle, Kunststoffe und Verbundwerkstoffe im Allgemeinen die übliche Wahl sind. An der Bündelung sind Aktuatoren montiert, die Muskeln des Roboters, die für Vorwärtsbewegung und Steuerung sorgen. Aktuatoren gibt es in verschiedenen Ausführungen, darunter Elektromotoren, pneumatische Kammern und spannungsgesteuerte Strukturen, die jeweils für unterschiedliche Aufgaben und Bedingungen geeignet sind. Elektromotoren beispielsweise werden zuverlässig in mechanischen Gelenken eingesetzt und konzentrieren sich vor allem auf deren Genauigkeit und Steuerbarkeit, während pneumatische Aktuatoren in Anwendungen überzeugen, die schnelle Kraftübertragung und

Verbesserung der Aktuatoren erfordern Zustand. Bei den Sensoren handelt es sich höchstwahrscheinlich um die Augen, Ohren und Materialrezeptoren des Roboters, die es ihm ermöglichen, die Welt zu sehen und mit ihr in Kontakt zu treten. Zu den herkömmlichen Sensoren gehören Kameras, LiDAR-Scanner (Light District and Running), Standortsensoren und Leistungs-/Kraftsensoren, die jeweils einen intelligenten Bedarf im riesigen Werkzeugkasten des Roboters decken.

Die Psyche des Roboters, seine Kontrollstruktur, verarbeitet Informationen von Sensoren und gibt Verkäufe an Aktoren weiter, um seine neuen Wendungen und Handlungsweisen zu regeln. Kontrollstrukturen können von großen, vorab geänderten Übungsplänen bis hin zu aktuellen, vielseitigen Schätzungen reichen, die lernen und sich an die Herstellungsbedingungen anpassen. Fortschritte in der vom Menschen verursachten Unterscheidung und nachgeahmten Informationen haben die Entwicklung rational schneller und freier Roboter vorangetrieben, die für komplexe Prozesse und Problemlösungen geeignet sind. Über ihre Originalteile hinaus werden Roboter nicht durch die Programmierung eingeschränkt, den Programmiercode, der ihren Prozess steuert schauspielerisches und handwerkliches Geschick.

Die Programmierung hat einen grundlegenden Einfluss auf die Darstellung der Fähigkeiten des Roboters, von der Kopfverbesserungssteuerung und -haltung bis hin zu hochmoderner Scharfsinnigkeit und dynamischen Berechnungen.
Programmiersprachen wie C++, Python und MATLAB werden zuverlässig bei der Entwicklung modernster Mechanik eingesetzt und locken Entwickler dazu, robotisierte Systeme problemlos zu koordinieren, zu duplizieren und zu übertragen. Schließlich sind Roboter zu einem großen Teil ihrer Zeit auf Energiequellen wie Batterien und Strom angewiesen Geräte oder externe Netzteile funktionieren.

Die Wahl der Stromquelle hängt von Teilen wie der Größe des Roboters, den Grundlagen der Vielseitigkeit und der Bewertung des Energiereichtums ab. Batteriegesteuerte Roboter bieten Komfort und Anpassungsfähigkeit, während Roboter für einen erweiterten Betrieb Strom aus externen Brennpunkten beziehen können. In der Vergangenheit kombinieren die laufenden Pläne von Robotern eine Ersatzfunktion von Teilen und arbeiten so, um ihre Fähigkeiten und Wege zu nutzen von Verwaltungshandlungen. Von der mechanischen Entwicklung und den Aktoren bis hin zu Sensoren, Steuerungsstrukturen,

Programmierung und Stromquellen spielt jeder Teil eine entscheidende Rolle bei der Sinnlosigkeit der Anordnung und Abschaltung des Roboters. Indem wir die inneren Aufgaben von Robotern verstehen, gewinnen wir Informationen über ihre logischen Anwendungen und die Herausforderungen, die mit der Organisation und dem Versand in die zertifizierte Welt verbunden sind. Darüber hinaus ist die Koordination und Anstrengung dieser Teile, die zusammenarbeiten, ausschlaggebend für das gesunde Urteilsvermögen eines Roboters bei verschiedenen Unternehmungen und Bedingungen. Beispielsweise ermöglichen die mechanische Entwicklung und die Aktuatoren eines Roboters in einer Versammlungsumgebung die Steuerung von Objekten mit Präzision und Geschwindigkeit, während seine Sensoren eine Bewertung vornehmen, um eine zweifelsfreie Koordination und Qualitätskontrolle sicherzustellen. In der Zwischenzeit arbeitet das Kontrollsystem mit diesen Übungen und passt sich kontinuierlich an Änderungen in der Entwicklungslinie oder an allgemeinen Bedingungen an. In außergewöhnlicheren Fällen, zum Beispiel bei der Bewertung im Freien oder bei der Katastrophenhilfe, verlassen sich Roboter auf eine Kombination aus Sensoren und

Programmierung, um zu sehen und zu sprechen mit ihren regulären Teilen energisch. LiDAR-Sensoren geben beispielsweise der 3D-Organisation Grenzen und ermöglichen es Robotern, Hindernisse zu erkennen und ideale Kurse durch komplexe Szenen zu planen. In der Zwischenzeit locken kopierte Informationsanalysen Roboter dazu, neue Bedingungen zu erkennen und sich an sie anzupassen, indem sie auf vergangene Erfahrungen zurückgreifen, um ihre Show im Laufe der Zeit zu verarbeiten. Darüber hinaus berücksichtigen die Mentalität und Vielseitigkeit motorisierter Systeme die Anpassung und Gruppierung, um Ansätze und Grundlagen zu vermitteln. Roboter können mit geeigneten Endeffektoren wie Greifern, Ziehbechern oder Geräten ausgestattet werden, um eine Vielzahl von Versuchen auszuführen – vom Aufnehmen und Aufstellen von Objekten bis hin zum Schweißen, Lackieren oder überhaupt der Ausführung heikler Tätigkeiten. Darüber hinaus führen zurückgezogene Pläne mit fortschreitendem Fortschritt dazu, dass der Unterschied zwischen neuen Sensoren, Aktoren oder Programmiermodulen aufgespalten wird, um sicherzustellen, dass Roboter flexibel und auf dem neuesten Stand bleiben. Da die mechanische Entwicklung weiter voranschreitet, hat interdisziplinäre Anstrengung einen massiven Einfluss auf das Fahren das Feld. Ingenieure, PC-Analysten, psychiatrische Kliniker und Weltraumexperten aus verschiedenen Bereichen arbeiten zusammen, um erfinderische Antworten auf komplexe Probleme zu fördern und sich dabei von der Wissenschaft, den Neurowissenschaften und verschiedenen Disziplinen inspirieren zu lassen. Durch die Nutzung von Begegnungen aus der Natur und die Bereitstellung der Möglichkeiten interdisziplinärer Bewertung können Forscher Roboter herstellen, die nützlich und rational sowie perfekt, vielseitig und nachhaltig sind. Letztendlich adressieren die Flussdesigns von Robotern eine Mischung aus Plan, Wissenschaft und kreative Charaktere, die Maschinen anregen, die menschliche Grenzen in verschiedenen Umgebungen erweitern und verwalten können. Indem wir die Teile und Funktionen von Robotern für die Schönheitspflege verstehen, erhalten wir Informationen über ihre alltäglichen Anwendungen und Grenzwerte sowie über die Schwierigkeiten und Einstiegsmöglichkeiten, die vor uns liegen. Mit Blick auf die Zukunft birgt das sichere Schicksal modernster Mechanik ein enormes Potenzial für eine zusätzliche Wendung der Ereignisse und Enthüllungen. Während der Fortschritt weiter voranschreitet, werden Roboter zunehmend in unsere Alltagspläne integriert und störende Unternehmungen, Zugehörigkeiten und – erstaunlicherweise – auch unsere gemeinsamen Unternehmungen. Von freien Fahrzeugen und Transportrobotern bis hin zu mechanisierten riesigen Assistenten werden die Türen für den mechanischen Fortschritt im Wesentlichen durch unsere innovativen Charaktere und unseren Einfallsreichtum begrenzt. Ein äußerst überzeugender Ort ist die Entwicklung sensibler, unwiderlegbarer Levelmechaniken, die durch die Biomechanik lebender Naturteile gesteuert werden. Empfindliche Roboter werden unter Verwendung vielseitiger Materialien transportiert, die die Flexibilität und Vielseitigkeit herkömmlicher Gewebe widerspiegeln, wobei geschützte und zerbrechlich geformte Versuche mit Menschen und empfindlichen Gegenständen berücksichtigt werden. Die Einsatzmöglichkeiten fragiler mechanischer Verbesserungen reichen von klinischen Geräten und Prothesen bis hin zu tragbaren Exoskeletten und kniffligen Greifern zur Handhabung empfindlicher Gegenstände. Ein weiterer Vorteil in der Forschung zu erstklassigen Mechaniken ist die Bewertung endloser erstklassiger Mechaniken, überzeugt von der Gesamtheit der Methoden Bewältigung des Verhaltens sozialer Insekten wie Käfer und Hummeln. Schwarmroboter sollten an gewaltigen Zusammenkünften teilnehmen, um komplexe Unternehmungen zu bewältigen, die für einen einzelnen Roboter allein gefährlich oder überwältigend wären. Fälle einer großen Anzahl mechanischer Fortschrittsanwendungen ergänzen Verfolgungs- und Rettungsmissionen, Standardprüfungen und Verbesserungsprojekte. Darüber hinaus bringen Fortschritte im mechanisierten Denken und im vom Menschen geschaffenen Bewusstsein Roboter dazu, zu lernen und sich transparent an ihre regulären Teile anzupassen. Unterstützen Sie Lernbewertungen eindeutig und gewähren Sie Robotern die Möglichkeit, neue Endpunkte durch Versuch und Irrtum zu unterstützen, ihre Lead-Grundlänge zu verfeinern und ihre Erfahrungen zu überprüfen. Diese Grenze eröffnet Robotern mehr Einsatzmöglichkeiten in unstrukturierten und dynamischen Umgebungen, von Familienangelegenheiten und individueller Unterstützung bis hin zu Raumanalysen und Schnittuntersuchungen. Ungeachtet dessen ist es mit der zunehmenden Organisation von Robotern im öffentlichen Bereich von entscheidender Bedeutung, sich mit moralischen, sozialen und geldbezogenen Bewertungen im Zusammenhang mit ihrer Entsendung zu befassen. Bedenken hinsichtlich Arbeitsflucht, Unterstützung, Sicherheit und algorithmischer Affinität sollten sorgfältig berücksichtigt und durch strenge Regeln, Geradlinigkeit und Verbindlichkeit angegangen werden.sowie die Nöte und Zugänge, die vor uns liegen. Mit Blick auf die Zukunft birgt das sichere Schicksal modernster Mechanik ein enormes Potenzial für eine zusätzliche Wendung der Ereignisse und Enthüllungen. Während der Fortschritt weiter voranschreitet, werden Roboter zunehmend in unsere Alltagspläne integriert und störende Unternehmungen, Zugehörigkeiten und – erstaunlicherweise – auch unsere gemeinsamen Unternehmungen. Von freien Fahrzeugen und Transportrobotern bis hin zu mechanisierten riesigen Assistenten werden die Türen für den mechanischen Fortschritt im Wesentlichen durch unsere innovativen Charaktere und unseren Einfallsreichtum begrenzt. Ein äußerst überzeugender Ort ist die Entwicklung sensibler, unwiderlegbarer Levelmechaniken, die durch die Biomechanik lebender Naturteile gesteuert werden. Empfindliche Roboter werden unter Verwendung vielseitiger Materialien transportiert, die die Flexibilität und Vielseitigkeit herkömmlicher Gewebe widerspiegeln, wobei geschützte und zerbrechlich geformte Versuche mit Menschen und empfindlichen Gegenständen berücksichtigt werden. Die Einsatzmöglichkeiten fragiler mechanischer Verbesserungen reichen von klinischen Geräten und Prothesen bis hin zu tragbaren Exoskeletten und kniffligen Greifern zur Handhabung empfindlicher Gegenstände. Ein weiterer Vorteil in der Forschung zu erstklassigen Mechaniken ist die Bewertung endloser erstklassiger Mechaniken, überzeugt von der Gesamtheit der Methoden Bewältigung des Verhaltens sozialer Insekten wie Käfer und Hummeln. Schwarmroboter sollten an gewaltigen Zusammenkünften teilnehmen, um komplexe Unternehmungen zu bewältigen, die für einen einzelnen Roboter allein gefährlich oder überwältigend wären. Fälle einer großen Anzahl mechanischer Fortschrittsanwendungen ergänzen Verfolgungs- und Rettungsmissionen, Standardprüfungen und Verbesserungsprojekte. Darüber hinaus bringen Fortschritte im mechanisierten Denken und im vom Menschen geschaffenen Bewusstsein Roboter dazu, zu lernen und sich transparent an ihre regulären Teile anzupassen. Unterstützen Sie Lernbewertungen eindeutig und gewähren Sie Robotern die Möglichkeit, neue Endpunkte durch Versuch und Irrtum zu unterstützen, ihre Lead-Grundlänge zu verfeinern und ihre Erfahrungen zu überprüfen. Diese Grenze eröffnet Robotern mehr Einsatzmöglichkeiten in unstrukturierten und dynamischen Umgebungen, von Familienangelegenheiten und individueller Unterstützung bis hin zu Raumanalysen und Schnittuntersuchungen. Ungeachtet dessen ist es mit der zunehmenden Organisation von Robotern im öffentlichen Bereich von entscheidender Bedeutung, sich mit moralischen, sozialen und geldbezogenen Bewertungen im Zusammenhang mit ihrer Entsendung zu befassen. Bedenken hinsichtlich Arbeitsflucht, Unterstützung, Sicherheit und algorithmischer Affinität sollten sorgfältig berücksichtigt und durch strenge Regeln, Geradlinigkeit und Verpflichtung angegangen werden.sowie die Nöte und Zugänge, die vor uns liegen. Mit Blick auf die Zukunft birgt das sichere Schicksal modernster Mechanik ein enormes Potenzial für eine zusätzliche Wendung der Ereignisse und Enthüllungen. Während der Fortschritt weiter voranschreitet, werden Roboter zunehmend in unsere Alltagspläne integriert und störende Unternehmungen, Zugehörigkeiten und – erstaunlicherweise – auch unsere gemeinsamen Unternehmungen. Von freien Fahrzeugen und Transportrobotern bis hin zu mechanisierten riesigen Assistenten werden die Türen für den mechanischen Fortschritt im Wesentlichen durch unsere innovativen Charaktere und unseren Einfallsreichtum begrenzt. Ein äußerst überzeugender Ort ist die Entwicklung sensibler, unwiderlegbarer Levelmechaniken, die durch die Biomechanik lebender Naturteile gesteuert werden. Empfindliche Roboter werden unter Verwendung vielseitiger Materialien transportiert, die die Flexibilität und Vielseitigkeit herkömmlicher Gewebe widerspiegeln, wobei geschützte und zerbrechlich geformte Versuche mit Menschen und empfindlichen Gegenständen berücksichtigt werden. Die Einsatzmöglichkeiten fragiler mechanischer Verbesserungen reichen von klinischen Geräten und Prothesen bis hin zu tragbaren Exoskeletten und kniffligen Greifern zur Handhabung empfindlicher Gegenstände. Ein weiterer Vorteil in der Forschung zu erstklassigen Mechaniken ist die Bewertung endloser erstklassiger Mechaniken, überzeugt von der Gesamtheit der Methoden Bewältigung des Verhaltens sozialer Insekten wie Käfer und Hummeln. Schwarmroboter sollten an gewaltigen Zusammenkünften teilnehmen, um komplexe Unternehmungen zu bewältigen, die für einen einzelnen Roboter allein gefährlich oder überwältigend wären. Fälle einer großen Anzahl mechanischer Fortschrittsanwendungen ergänzen Verfolgungs- und Rettungsmissionen, Standardprüfungen und Verbesserungsprojekte.

Darüber hinaus bringen Fortschritte im mechanisierten Denken und im vom Menschen geschaffenen Bewusstsein Roboter dazu, zu lernen und sich transparent an ihre regulären Teile anzupassen. Unterstützen Sie Lernbewertungen eindeutig und gewähren Sie Robotern die Möglichkeit, neue Endpunkte durch Versuch und Irrtum zu unterstützen, ihre Lead-Grundlänge zu verfeinern und ihre Erfahrungen zu überprüfen. Diese Grenze eröffnet Robotern mehr Einsatzmöglichkeiten in unstrukturierten und dynamischen Umgebungen, von Familienangelegenheiten und individueller Unterstützung bis hin zu Raumanalysen und Schnittuntersuchungen. Ungeachtet dessen ist es mit der zunehmenden Organisation von Robotern im öffentlichen Bereich von entscheidender Bedeutung, sich mit moralischen, sozialen und geldbezogenen Bewertungen im Zusammenhang mit ihrer Entsendung zu befassen. Bedenken hinsichtlich Arbeitsflucht, Unterstützung, Sicherheit und algorithmischer Affinität sollten sorgfältig berücksichtigt und durch strenge Regeln, Geradlinigkeit und Verbindlichkeit angegangen werden.Ein äußerst überzeugender Ort ist die Entwicklung einer sensiblen, unwiderlegbaren Mechanik, die durch die Biomechanik lebender Naturteile vorangetrieben wird. Empfindliche Roboter werden unter Verwendung vielseitiger Materialien transportiert, die die Flexibilität und Vielseitigkeit herkömmlicher Gewebe widerspiegeln, wobei geschützte und zerbrechlich geformte Versuche mit Menschen und empfindlichen Gegenständen berücksichtigt werden. Die Einsatzmöglichkeiten fragiler mechanischer Verbesserungen reichen von klinischen Geräten und Prothesen bis hin zu tragbaren Exoskeletten und kniffligen Greifern zur Handhabung empfindlicher Gegenstände. Ein weiterer Vorteil in der Forschung zu erstklassigen Mechaniken ist die Bewertung endloser erstklassiger Mechaniken, überzeugt von der Gesamtheit der Methoden Bewältigung des Verhaltens sozialer Insekten wie Käfer und Hummeln. Schwarmroboter sollten an gewaltigen Zusammenkünften teilnehmen, um komplexe Unternehmungen zu bewältigen, die für einen einzelnen Roboter allein gefährlich oder überwältigend wären. Fälle einer großen Anzahl mechanischer Fortschrittsanwendungen ergänzen Verfolgungs- und Rettungsmissionen, Standardprüfungen und Verbesserungsprojekte. Darüber hinaus bringen Fortschritte im mechanisierten Denken und im vom Menschen geschaffenen Bewusstsein Roboter dazu, zu lernen und sich transparent an ihre regulären Teile anzupassen. Unterstützen Sie

Lernbewertungen eindeutig und gewähren Sie Robotern die Möglichkeit, neue Endpunkte durch Versuch und Irrtum zu unterstützen, ihre Lead-Grundlänge zu verfeinern und ihre Erfahrungen zu überprüfen. Diese Grenze eröffnet Robotern mehr Einsatzmöglichkeiten in unstrukturierten und dynamischen Umgebungen, von Familienangelegenheiten und individueller Unterstützung bis hin zu Raumanalysen und Schnittuntersuchungen. Ungeachtet dessen ist es mit der zunehmenden Organisation von Robotern im öffentlichen Bereich von entscheidender Bedeutung, sich mit moralischen, sozialen und geldbezogenen Bewertungen im Zusammenhang mit ihrer Entsendung zu befassen. Bedenken hinsichtlich Arbeitsflucht, Unterstützung, Sicherheit und algorithmischer Affinität sollten sorgfältig berücksichtigt und durch strenge Regeln, Geradlinigkeit und Verbindlichkeit angegangen werden.Ein äußerst überzeugender Ort ist die Entwicklung einer sensiblen, unwiderlegbaren Mechanik, die durch die Biomechanik lebender Naturteile vorangetrieben wird. Empfindliche Roboter werden unter Verwendung vielseitiger Materialien transportiert, die die Flexibilität und Vielseitigkeit herkömmlicher Gewebe widerspiegeln, wobei geschützte und zerbrechlich geformte Versuche mit Menschen und empfindlichen Gegenständen berücksichtigt werden. Die Einsatzmöglichkeiten fragiler mechanischer Verbesserungen reichen von klinischen Geräten und Prothesen bis hin zu tragbaren Exoskeletten und kniffligen Greifern zur Handhabung empfindlicher Gegenstände. Ein weiterer Vorteil in der Forschung zu erstklassigen Mechaniken ist die Bewertung endloser erstklassiger Mechaniken, überzeugt von der Gesamtheit der Methoden Bewältigung des Verhaltens sozialer Insekten wie Käfer und Hummeln. Schwarmroboter sollten an gewaltigen Zusammenkünften teilnehmen, um komplexe Unternehmungen zu bewältigen, die für einen einzelnen Roboter allein gefährlich oder überwältigend wären. Fälle einer großen Anzahl mechanischer Fortschrittsanwendungen ergänzen Verfolgungs- und Rettungsmissionen, Standardprüfungen und Verbesserungsprojekte. Darüber hinaus bringen Fortschritte im mechanisierten Denken und im vom Menschen geschaffenen Bewusstsein Roboter dazu, zu lernen und sich transparent an ihre regulären Teile anzupassen. Unterstützen Sie Lernbewertungen eindeutig und gewähren Sie Robotern die Möglichkeit, neue Endpunkte durch Versuch und Irrtum zu unterstützen, ihre Lead-Grundlänge zu verfeinern und ihre Erfahrungen zu überprüfen. Diese Grenze eröffnet Robotern mehr Einsatzmöglichkeiten in unstrukturierten und dynamischen Umgebungen, von Familienangelegenheiten und individueller Unterstützung bis hin zu Raumanalysen und Schnittuntersuchungen. Ungeachtet dessen ist es mit der zunehmenden Organisation von Robotern im öffentlichen Bereich von entscheidender Bedeutung, sich mit moralischen, sozialen und geldbezogenen Bewertungen im Zusammenhang mit ihrer Entsendung zu befassen. Bedenken hinsichtlich Arbeitsflucht, Unterstützung, Sicherheit und algorithmischer Affinität sollten sorgfältig berücksichtigt und durch strenge Regeln, Geradlinigkeit und Verpflichtung angegangen werden.Fortschritte im mechanisierten Denken und im vom Menschen geschaffenen Bewusstsein bringen Roboter dazu, zu lernen und sich transparent an ihre regulären Teile anzupassen. Unterstützen Sie Lernbewertungen eindeutig und gewähren Sie Robotern die Möglichkeit, neue Endpunkte durch Versuch und Irrtum zu unterstützen, ihre Lead-Grundlänge zu verfeinern und ihre Erfahrungen zu überprüfen. Diese Grenze eröffnet Robotern mehr Einsatzmöglichkeiten in unstrukturierten und dynamischen Umgebungen, von Familienangelegenheiten und individueller Unterstützung bis hin zu Raumanalysen und Schnittuntersuchungen.

Ungeachtet dessen ist es mit der zunehmenden Organisation von Robotern im öffentlichen Bereich von entscheidender Bedeutung, sich mit moralischen, sozialen und geldbezogenen Bewertungen im Zusammenhang mit ihrer Entsendung zu befassen. Bedenken hinsichtlich Arbeitsflucht, Unterstützung, Sicherheit und algorithmischer Affinität sollten sorgfältig berücksichtigt und durch strenge Regeln, Geradlinigkeit und Verpflichtung angegangen werden.Fortschritte im mechanisierten Denken und im vom Menschen geschaffenen Bewusstsein bringen Roboter dazu, zu lernen und sich transparent an ihre regulären Teile anzupassen. Unterstützen Sie Lernbewertungen eindeutig und gewähren Sie Robotern die Möglichkeit, neue Endpunkte durch Versuch und Irrtum zu unterstützen, ihre Lead-Grundlänge zu verfeinern und ihre Erfahrungen zu überprüfen. Diese Grenze eröffnet Robotern mehr Einsatzmöglichkeiten in unstrukturierten und dynamischen Umgebungen, von Familienangelegenheiten und individueller Unterstützung bis hin zu Raumanalysen und Schnittuntersuchungen. Ungeachtet dessen ist es mit der zunehmenden Organisation von Robotern im öffentlichen Bereich von entscheidender Bedeutung, sich mit moralischen, sozialen und geldbezogenen Bewertungen im

Zusammenhang mit ihrer Entsendung zu befassen. Bedenken hinsichtlich Arbeitsflucht, Unterstützung, Sicherheit und algorithmischer Affinität sollten sorgfältig berücksichtigt und durch strenge Regeln, Geradlinigkeit und Verpflichtung angegangen werden.

Darüber hinaus zielen Versuche, Integration und Denken in der kreativen Arbeit der mechanischen Entwicklung zu ermöglichen, darauf ab, sicherzustellen, dass die vernünftigen Entwicklungen der mechanischen Weiterentwicklung angemessen über alle Zugehörigkeiten verteilt sind. Letztendlich besteht die mögliche Bestimmung mechanischer Verbesserungsverpflichtungen darin, sowohl Fortschritt als auch Erprobung zu sein, während wir weiterhin die Notwendigkeiten dessen fördern, was mit scharfen Maschinen möglich ist. Indem wir interdisziplinäre Anstrengungen unternehmen, Versammlungen und Gedanken einbeziehen und uns auf die moralische und sorgfältige Entwicklung der Dinge konzentrieren, können wir die beeindruckende Kraft der mechanischen Entwicklung nutzen, um auf einer äußerst wichtigen Ebene eine wirklich fesselnde und vernünftige Zukunft für alle zu gewährleisten. Während wir uns auf die Reise in die Zukunft begeben, lassen Sie uns an unseren Eigenschaften und Bedürfnissen festhalten und uns bemühen, eine Realität zu schaffen, in der Roboter und Menschen gemeinsam gewinnen können. Trotz des mechanischen Fortschritts wird das spezifische Schicksal der modernen Mechanik entsprechend durch wunderbare Sichtweisen und soziale Daten veranschaulicht. Da Roboter immer mehr zum Standard unserer meist alltäglichen Pläne werden, ist es von zentraler Bedeutung, eine positive und vorsichtige Geschichte über ihre Arbeit und mögliche Verpflichtungen einzubeziehen. In diesem Kurs geht es nicht nur um die Anwesenheit aller, sondern vielmehr um die Endpunkte und Ziele von Robotern sowie um die Förderung von Sympathie, Verständnis und gemeinsamer Anstrengung zwischen Menschen und Maschinen. Darüber hinaus erfordert die Mischung von Robotern im öffentlichen Raum eine schnelle Prüfung epischer und bedeutender Pläne, um die Umsetzung, Sicherheit und den moralischen Nutzen mechanischer neuer Wendungen der Ereignisse zu gewährleisten. Politische Entscheidungsträger und Behörden sollten versuchen, Entscheidungen zu treffen, die sich mit auftretenden Problemen und Problemen in der Mechanik auf hohem Niveau befassen, von Informationssicherheit und wirtschaftlicher Entwicklung bis hin zu Risiko und Verpflichtung, weiterhin anzuerkennen, dass es zu Katastrophen oder Katastrophen kommen sollte.

In der Zwischenzeit ist der Versuch, die Zustimmung für den Fortschritt und die Entwicklung der Mechanik auf unbestreitbarer Ebene zu demokratisieren, von grundlegender Bedeutung, um eine weitere Entwicklung voranzutreiben und Menschen und Beziehungen dabei zu helfen, sich an der Sinnlosigkeit der Vorherbestimmung der Mechanik der offensichtlichen Ebene zu beteiligen. Laufwerke wie beispielsweise Open-Source-Inhalte und Programmierebenen, Erstellerräume und mechanische Entwicklung bieten Möglichkeiten für gemeinsames Bemühen und Lernen, indem sie unterschiedliche Stimmen und Standpunkte einbeziehen, um zum Fortschritt offensichtlicher Ebenenmechaniken beizutragen. Da Roboter zunehmend mit der menschlichen Kultur verbunden werden, ist die Betrachtung der moralischen und philosophischen Auswirkungen der Erfahrungen zwischen Mensch und Roboter von enormer Bedeutung. Anforderungen an Unabhängigkeit, Assoziation und die Chance auf Pflege werden sich als Riesen herausstellen, wenn Roboter immer raffinierter und freier werden. Es ist überzeugend, diese Pläne mit Bescheidenheit, Einfühlungsvermögen und der Kontrolle von Werten wie Respekt, Übereinstimmung und Güte voranzutreiben. Schließlich birgt das unausweichliche Schicksal der mechanischen Verbesserung eine gigantische Verpflichtung, Menschen zum Erfolg zu bewegen und neue Wege für Fortschritt und Geradlinigkeit aufzuzeigen. Indem wir die Behinderung mechanischer Verbesserungen annehmen und uns gleichzeitig auf die moralischen, sozialen und sozialen Belastungen konzentrieren, die mit ihrer Spaltung in der Öffentlichkeit einhergehen, können wir eine Zukunft schaffen, in der Roboter und Menschen charmant übereinstimmen und gemeinsam eine Welt schaffen, die ihresgleichen sucht die absehbare Zukunft, unendlich, endlos, endlos. Während wir uns auf diesen Ausflug in die heikle Welt begeben, lassen Sie uns an unseren Qualitäten und Grundsätzen festhalten und versuchen, eine Zukunft zu schaffen, in der die Entwicklung den höchsten Zielen und Bedürfnissen der Menschheit dient.

Untersuchung der inneren Aktivitäten der heutigen fortgeschrittenen Mechanik

Späte Fortschritte in der angewandten Mechanik: Die Verfahren des Virtuellen Workshops zu angewandter Mechanik (VSAM 2021) vermitteln wichtige Kenntnisse über mechanische Fortschritte in der starken Mechanik, der Flüssigkeitsmechanik und dem biomedizinischen Design.

Führende Spezialisten aus der ganzen Welt beteiligten sich an diesem Treffen und behandelten Themen wie mathematische Untersuchungen zur Erzeugung nichtdirekter Schafwellen durch delaminierte Oberflächen in gehärteten Verbundplattenstrukturen. Die Übertragung von Anregungsdaten basiert auf freitragenden Energiesammlern. Bühnenfeldmodelle, angewendet auf Risse in Festkörpern. Die Fortpflanzung konzentriert sich auf die Vermehrung des Aktivitätspotenzials im epikardialen Gewebe aufgrund von Qualitätsänderungen. Bewertung der Ausflussgrenzbedingungen im DNS heftiger Flugströme. Einfluss der Fluidinfusion auf die Mittenlänge rechteckiger Schallebenen.

Spannungsverteilung in sehr langen Platten mit runden Öffnungen. Clevere Sensorideen für modulare Bewertungen von Erweiterungen, die willkürlichen und Fahrzeuganregungen ausgesetzt sind. Ballistische Untersuchung der mit Scherverdickungsflüssigkeit imprägnierten unidirektionalen Polyethylentextur mit superhoher subatomarer Dicke. Darüber hinaus deutlich mehr! 2. Subatomare Nachbildungen: Obwohl sie nicht direkt mit der Mechanik verbunden sind, spielen subatomare Nachbildungen eine wichtige Rolle beim Verständnis der physikalischen Verbundeigenschaften dichter Materiegerüste. Diese Nachbildungen verbinden mathematische Techniken mit der Fähigkeit des PCs, Verbindungen zwischen Teilchen oder Atomen zu erkennen. Mechanik im alten Stil: Die klassische Mechanik dient als Grundlage für die Lösung komplexer dynamischer Probleme. Es ist von grundlegender Bedeutung, um mechanische Systeme zu verstehen und die Grundlagen der Quantenmechanik und der messbaren Physik in den Griff zu bekommen.

Kapitel 3: Hochrangige Mechanik in der Industrie: Sammeln und Schaffen im Wandel

Der Raum des Sammelns und Schaffens hat durch die Verschmelzung mechanischer Innovationen mit den heutigen Zyklen einen enormen Wandel durchgemacht. Von fahrzeugkonsekutiven Entwicklungsrahmen bis hin zu Gerätefertigungsanlagen haben Roboter die Art und Weise, wie das Produkt transportiert wird, verändert und die Leistungsfähigkeit, Genauigkeit und Flexibilität weiterentwickelt. In diesem Abschnitt untersuchen wir die Auswirkungen modernster Mechanik auf die Industrie und wie die Robotisierung das Schicksal der Fertigung verändert

.Im Mittelpunkt modernster Mechanik in der Branche steht die Möglichkeit der Automatisierung, der Einsatz von Maschinen zur Ausführung von Aufgaben ohne großen menschlichen Eingriff. Heutige Roboter sind spezielle Maschinen, die darauf ausgelegt sind, langwierige, anspruchsvolle Aufgaben schnell, präzise und konsistent auszuführen. Ausgestattet mit modernsten Sensoren, Aktoren und Steuerungssystemen können diese Roboter ein breites Spektrum an Sammelaufgaben bewältigen, vom Schweißen und Lackieren bis hin zum Verpacken und Palettieren. Einer der grundlegenden Vorteile mechanischer Innovationen in der Branche ist die Fähigkeit, Effektivität und Durchsatz zu steigern und gleichzeitig Kosten und Zykluszeiten zu verringern. Durch die Verwendung von Routineaufgaben können Roboter den ganzen Tag über kontinuierlich arbeiten, ohne dass Pausen oder individuelle Zeit erforderlich sind, was zu besseren Ergebnissen und einer spürbareren Effizienz führt. Dies ermöglicht den Entwicklern, wachsende Anforderungen zu erfüllen und gleichzeitig auf einen höheren Wert und die Konsistenz ihrer Produkte zu achten. Darüber hinaus verpflichten Roboter die Entwickler dazu, ein Maß an Genauigkeit und Genauigkeit zu erreichen, das allein mit menschlicher Arbeit mühsam oder schwierig zu erreichen wäre. Roboterarme auf unbestreitbarem Niveau, die mit Genauigkeitssensoren und Bildverarbeitungssystemen ausgestattet sind, können komplexe soziale Aufgaben mit einer Genauigkeit im Submillimeterbereich ausführen und dabei einen guten Schutz gewährleisten und Schönheitsfehler einschränken. Dies ist besonders wichtig in Organisationen wie Flight, in denen Präzision für Wohlstand und Leistung von entscheidender Bedeutung ist. Bei der

Entwicklung hin zur Neugestaltung von Effizienz und Qualität bieten mechanische Innovationen im Unternehmen darüber hinaus Vorteile in Bezug auf Flexibilität und Anpassungsfähigkeit. Ganz im Gegensatz zu herkömmlichen Prozesssystemen, die im Großen und Ganzen unnachgiebig und furchtlos sind, geht es bei der mechanischen Automatisierung um schnelle Neukonfiguration und Neubewertung, um Änderungen im Produktionsplan, im Produktionsvolumen oder im Marktumsatz zu ermöglichen. Diese Geschicklichkeit ermöglicht es den Herstellern, schnell auf sich ändernde Geschäftsbereiche und Kundentrends zu reagieren und so einen hohen Stellenwert auf dem Markt zu erlangen. Darüber hinaus haben mechanische Innovationen in der Branche einen wesentlichen Einfluss auf die weitere Schaffung von Arbeitsklima, Sicherheit und Ergonomie durch die Mechanisierung riskanter oder wirtschaftlicher Arbeiten. Roboter können große Gewichte bewältigen, bei extremen Temperaturen oder Bedingungen arbeiten und Tätigkeiten ausführen, die für von Menschen ausgebildete Fachkräfte eine Gefahr darstellen, wie etwa Schweißen oder Lackieren. Indem sie die Empfänglichkeit von Arbeitern für gefährliche Bedingungen verringern, tragen Roboter dazu bei, sicherere und bessere

Arbeitsumgebungen zu schaffen und das Risiko von Katastrophen und Verletzungen zu verringern. Allerdings wirft die umfangreiche Ansammlung hochmoderner Mechaniker im Unternehmen darüber hinaus auch geschäftliche Probleme und Herausforderungen auf , Arrangement und geldbezogene Auswirkungen. Während Roboter von Menschen ausgebildete Fachkräfte verbessern und neue Zugänge für qualifizierte Situationen in der Wartung moderner Mechanik, der Programmierung und dem Vorstand schaffen können, können sie auch bestimmte Arten von schlecht begabten oder langweiligen Positionen beseitigen.Versuche, diese Probleme durch Personalplanung, Umschulungsprojekte und Methoden anzugehen, die die Schaffung von Arbeitsplätzen und die finanzielle Verbesserung vorantreiben, sind von entscheidender Bedeutung, um sicherzustellen, dass die Vorteile mechanischer Innovationen gerecht in der Gesellschaft verteilt werden. Letztendlich tendieren mechanische Innovationen in der Branche dazu haben einen erheblichen Einfluss auf die Art und Weise, wie Lagerbestände hergestellt werden, und verwandeln Pflanzen in besonders motorisierte, leistungsfähige und vielseitige Produktionssysteme. Indem sie die Leistungsfähigkeit modernster Mechanik nutzen, um die Produktivität zu steigern, die Qualität zu verbessern und den Wohlstand am Arbeitsplatz weiter zu fördern, können Entwickler neue Möglichkeiten für Verbesserungen und Fortschritt in der gesamten Geschäftswelt eröffnen. Während wir weiterhin die Fähigkeit mechanischer Innovationen in der Wirtschaft erforschen, wollen wir versuchen, eine Zukunft zu schaffen, in der die Motorisierung als Katalysator für positive Veränderungen fungiert und geldbezogene Leistung, Vernünftigkeit und menschliches Wohlbefinden vorantreibt Während in der Branche ein Bereich mechanischer Innovation geschaffen wird, entstehen anhaltende Begeisterungsstürme und Fortschritte, die zusätzliche Überholungszyklen und -grenzen in der Fertigung gewährleisten. Eine solche Wendung sind angenehme Roboter oder Cobots, von denen erwartet wird, dass sie in gemeinsamen Arbeitsbereichen in der Nähe menschlicher Arbeiter arbeiten. Diese Roboter sind mit modernsten Sicherheitsfunktionen und regelmäßigen Kommunikationspunkten ausgestattet, sodass sie bei Aufgaben wie gesellschaftlichen Anlässen, Nachforschungen und Materialbeschaffung mit Menschen zusammenarbeiten können. Cobots bieten Produzenten die Flexibilität, komplexe Aufgaben zu motorisieren und gleichzeitig die menschliche

Aufsicht und Kapazität im Auge zu behalten, was zu praktikableren und anpassungsfähigeren Produktionssystemen führt. Ein weiteres Design, das das mögliche Schicksal mechanischer Innovationen in der Branche prägt, ist die Verknüpfung von menschengemachtem Denken (PC-basiert). Wissen) und Berechnungen der künstlichen Intelligenz in computergestützte Strukturen. Mit künstlicher Intelligenz betriebene Roboter können riesige Informationsmengen aufschlüsseln, Beispiele erkennen und kontinuierlich kluge Entscheidungen treffen. Dies versetzt sie in die Lage, Erstellungsprozesse voranzutreiben, Supportbedarf zu antizipieren und sich mit bemerkenswerterer Genauigkeit und Produktivität an veränderte Umstände anzupassen. Durch die Nutzung der Kraft computergestützter Intelligenz können Hersteller neue Effizienz-, Qualitäts- und Entwicklungsgrade in ihren Betrieben erschließen. Neben Fortschritten in der mechanischen Technologie, Ausrüstung und Programmierung, der Rezeption fortschrittlicher Fortschritte wie dem Web of Things (IoT) und verteiltes Rechnen treibt die Weiterentwicklung in der Montage voran. Diese Fortschritte ermöglichen es Robotern, mit verschiedenen Maschinen, Sensoren und Systemen im

Schöpfungsklima zu kommunizieren und mit ihnen zu kommunizieren, wodurch miteinander verbundene biologische Systeme zu sogenannten brillanten Pflanzen werden. In ausgefeilten Produktionslinien können Roboter reibungslos Informationen austauschen, Vorgänge koordinieren und auf kontinuierliche Kritik reagieren, was zu leichtfüßigeren und reaktionsschnelleren Montageprozessen führt. Darüber hinausDie mechanische Technologie in der Branche beschränkt sich nicht nur auf herkömmliche Montagebereiche, sondern stößt auch in neue Randbereiche vor, beispielsweise in die Herstellung von Zusatzstoffen, auch 3D-Druck genannt. 3D-Druckroboter können komplexe Berechnungen und kundenspezifische Teile mit hoher Genauigkeit und Produktivität durchführen und so die Art und Weise verändern, wie Artikel geplant, prototypisiert und hergestellt werden. Von Luftfahrtteilen bis hin zu klinischen Einsätzen bieten 3D-Druckroboter den Herstellern außergewöhnliche Anpassungsfähigkeit und Fantasie bei der Produktentwicklung und -produktion. Mit der fortschreitenden Entwicklung mechanischer Technologietechnologien werden die Grenzen zwischen dem physischen und dem computergestützten Universum zunehmend verwischt, was zu einer zunehmenden

Verwischung führt zusätzliche Aufstiegsmöglichkeiten und koordinierte Anstrengungen. Von unabhängigen Robotern und vielseitigen Robotern für Strategien und Lagerhaltung bis hin zu mechanischen Rahmenwerken für kundenspezifische Fertigung und Auftragsfertigung birgt das zukünftige Schicksal fortschrittlicher Mechaniker in der Branche grenzenloses Potenzial für die Veränderung der Art und Weise, wie wir Produkte konfigurieren, herstellen und transportieren. Letztendlich Fortgeschrittene Mechaniker in der Industrie verändern die Szene der Montage und Kreation und ermöglichen es den Herstellern, ein neues Maß an Kompetenz, Anpassungsfähigkeit und Entwicklung zu erreichen. Durch die Nutzung der neuesten Fortschritte in der Innovation in der fortschrittlichen Mechanik und die Nutzung der Kraft der Robotisierung, des künstlichen Denkens und der computergestützten Verfügbarkeit können Hersteller geschickte und reaktionsfähige Gestaltungsrahmen schaffen, die die wirtschaftliche Entwicklung, Tragbarkeit und Seriosität im weltweiten Wirtschaftszentrum vorantreiben. Während wir weiterhin die möglichen Ergebnisse fortschrittlicher Mechanik in der Industrie untersuchen, sollten wir uns weiterhin darauf konzentrieren, Innovationen zur Unterstützung der Menschheit bereitzustellen und eine Zukunft zu schaffen, in der Roboter und Menschen harmonisch zusammenarbeiten, um eine bessere Welt für alle zu schaffen. Die Kombination fortschrittlicher Mechanik in der Industrie ist nicht nur eine Umgestaltung der Produktionsprozesse, sondern eröffnet auch weltweit neue Türen für die Finanzentwicklung und Seriosität. Durch den Einsatz fortschrittlicher mechanischer Innovationen können Hersteller die Produktion vereinfachen, die Kosten senken und die Qualität der Produkte weiterentwickeln, sodass sie in einem unbestreitbar aggressiven Wirtschaftszentrum leichtfüßig und reaktionsfähig bleiben können. Dies kann somit zu einem größeren Teil des Kuchens, einem erweiterten Kundenstamm und einer bemerkenswerteren Produktivität für Unternehmen führen, die auf Automatisierung setzen. Darüber hinaus können fortschrittliche Mechaniker in der Branche Entwicklungs- und Geschäftsvorhaben vorantreiben, indem sie Hindernisse auf einzelne Bereiche reduzieren und kleine und große Unternehmen befähigen Mittelständler (KMU) müssen sich mit größeren Kooperationen auseinandersetzen. Mit der Zugänglichkeit vernünftiger und offener automatisierter Systeme können neue

Unternehmen und Pioniere neue Produkte fördern, Spezialwerbung untersuchen und traditionelle Unternehmen mit kreativen Lösungen stören. Diese Demokratisierung fortschrittlicher mechanischer Innovationen fördert eine Kultur der Entwicklung und Vorstellungskraft.Förderung der finanziellen Entwicklung und Schaffung von Arbeitsplätzen in verschiedenen Bereichen der Wirtschaft. Darüber hinaus reichen die Vorteile fortschrittlicher Mechanik in der Branche über vergangene monetäre Überlegungen hinaus und umfassen ökologische Wartbarkeit und soziale Verpflichtung. Durch die Rationalisierung der Anlagennutzung, die Begrenzung von Verschwendung und die Verringerung des Energieverbrauchs können durch mechanische Technologie unterstützte Montagezyklen die Zukunft des Ökosystems wirtschaftlich und umweltfreundlich gestalten. Darüber hinaus tragen Roboter durch die Robotisierung unsicherer oder wirklich anspruchsvoller Aufgaben dazu bei, die Sicherheit des Arbeitsumfelds weiter zu verbessern und arbeitsbedingte Wunden und Beschwerden zu lindern, was den Wohlstand und die persönliche Zufriedenheit der Arbeitnehmer erhöht. Wie wir planen, wird die Fähigkeit fortschrittlicher Mechaniker in der Industrie zum Positiven beitragen Veränderung und Veränderung ist grenzenlos. Von der Beschleunigung des mechanischen Fortschritts bis hin zur Öffnung neuer Türen für die finanzielle Wende und den gesellschaftlichen Fortschritt kann die mechanische Technologie die Welt auf bedeutende und bedeutsame Weise prägen. Indem wir die neuesten Fortschritte in der Innovation der fortgeschrittenen Mechanik nutzen und koordinierte Bemühungen zwischen Industrie, Wissenschaft und Regierung fördern, können wir die maximale Kapazität der mechanischen Technologie erschließen, um eine überlegene, wohlhabendere und praktischere Zukunft für alle zu schaffen. Letztendlich Die mechanische Technologie in der Industrie ist eine außergewöhnliche Kraft, die die Art und Weise verändert, wie Produkte hergestellt, verbreitet und konsumiert werden. Indem sie die Kraft der Computerisierung, des künstlichen Denkens und fortschrittlicher Netzwerke nutzen, können Macher koordinierte, effektive und reaktionsfähige Gestaltungsrahmen schaffen, die die finanzielle Entwicklung, Entwicklung und Unterstützbarkeit vorantreiben. Während wir weiterhin die möglichen Ergebnisse der mechanischen Technologie in der Branche untersuchen, sollten wir uns weiterhin darauf konzentrieren, Innovationen anzugehen, um der

Menschheit zu helfen und eine Zukunft zu schaffen, in der Roboter und Menschen freundschaftlich zusammenarbeiten, um eine überlegene Welt für lange Zeit zu schaffen.Indem wir die neuesten Fortschritte in der Innovation der fortgeschrittenen Mechanik nutzen und koordinierte Bemühungen zwischen Industrie, Wissenschaft und Regierung fördern, können wir die maximale Kapazität der mechanischen Technologie erschließen, um eine überlegene, wohlhabendere und praktischere Zukunft für alle zu schaffen. Letztendlich Die mechanische Technologie in der Industrie ist eine außergewöhnliche Kraft, die die Art und Weise verändert, wie Produkte hergestellt, verbreitet und konsumiert werden. Indem sie die Kraft der Computerisierung, des künstlichen Denkens und fortschrittlicher Netzwerke nutzen, können Macher koordinierte, effektive und reaktionsfähige Gestaltungsrahmen schaffen, die die finanzielle Entwicklung, Entwicklung und Unterstützbarkeit vorantreiben. Während wir weiterhin die möglichen Ergebnisse der mechanischen Technologie in der Branche untersuchen, sollten wir uns weiterhin darauf konzentrieren, Innovationen anzugehen, um der Menschheit zu helfen und eine Zukunft zu schaffen, in der Roboter und Menschen freundschaftlich zusammenarbeiten, um eine überlegene Welt für lange Zeit zu schaffen. Indem wir die neuesten Fortschritte in der Innovation der fortgeschrittenen Mechanik nutzen und koordinierte Bemühungen zwischen Industrie, Wissenschaft und Regierung fördern, können wir die maximale Kapazität der mechanischen Technologie erschließen, um eine überlegene, wohlhabendere und praktischere Zukunft für alle zu schaffen. Letztendlich Die mechanische Technologie in der Industrie ist eine außergewöhnliche Kraft, die die Art und Weise verändert, wie Produkte hergestellt, verbreitet und konsumiert werden. Indem sie die Kraft der Computerisierung, des künstlichen Denkens und fortschrittlicher Netzwerke nutzen, können Macher koordinierte, effektive und reaktionsfähige Gestaltungsrahmen schaffen, die die finanzielle Entwicklung, Entwicklung und Unterstützbarkeit vorantreiben. Während wir weiterhin die möglichen Ergebnisse der mechanischen Technologie in der Branche untersuchen, sollten wir uns weiterhin darauf konzentrieren, Innovationen anzugehen, um der Menschheit zu helfen und eine Zukunft zu schaffen, in der Roboter und Menschen freundschaftlich zusammenarbeiten, um eine überlegene Welt für lange Zeit zu schaffen.

Von sequentiellen Bausystemen bis hin zu intelligenten Produktionslinien

Moderate Entwicklungsstrukturen: Kritische Abschnitte aus vergangenen Zeiten. Moderate Entwicklungsstrukturen wurden im Laufe des 20. Jahrhunderts angepasst. Henry Parts Präsentation der außerordentlichen Verbesserungsstruktur für die kompetente Herstellung von Fahrzeugen auf einem erstaunlich wichtigen Niveau wirkte sich auf Kapazität und Kostenbewusstsein aus. Durch die Beschränkung komplizierter Unternehmungen auf seriösere, langweiligere Fortschritte konzentrierte sich die sich ständig weiterentwickelnde Entwicklungsstruktur des Teils auf eine schnellere Entwicklung und den Spielplan des intelligenten Modellfahrzeugs. Fortschritte bei der Computerisierung von Zusammenkünften. Robotisierung (1800 bis Mitte des 20. Jahrhunderts): Einfache Maschinen wie Riemenscheiben und Schalter robotisierten faszinierende Arbeiten.

Die sich zuverlässig entwickelnde Entwicklungsstruktur wurde zu einem Zeichen dieses Stadiums und zog enorme Erweiterungsmontagen und Kostensenkungen an. Robotisierungsniveaus des Fortschritts (1970er Jahre): Programmierbare Steuerungen (SPS) und PC-Maschinen mit numerischer Steuerung (CNC) brachten Präzision und Flexibilität. Produzenten könnten kompliziertere Prozesse robotisieren. Erstaunliche Zusammenkunft (neueste Sache): Leistungsstarke Anlagen koordinieren bahnbrechende Entwicklungsstufen wie die Mechanik der großen Ebene, künstliches Denken (modernisiertes Denken) und das Fangen von Dingen (IoT). Diese miteinander verbundenen Pläne verbreiten autonome Schöpfungsbedingungen. Scharfe Montage verbessert ganze Lagerketten, von der Sache bis zum Umzug, durch Datenauswertung und unermüdliches Notieren. Vorteile der Computerisierung in der Partei. Erweiterte Möglichkeiten: Die Robotisierung beschleunigt die Erstellung und verringert den Aufwand für die Einbindung von Lagerbeständen. Kostensenkung: Durch die Begrenzung störender Arbeiten und Fehler werden die Kosten gesenkt. Geregelte Qualität: Die Robotisierung gewährleistet eine solide Qualität, indem sie

Schwankungen verringert. Neu gestaltete Sicherheit: Weniger manuelle Anstrengungen bedeuten weniger Risiken. Wunderbare Regulierungsanlagen im Vergleich zu herkömmlichen mechanischen Entwicklungssystemen. Aktuelle Arbeitsumgebungen: Nutzen Sie miteinander verbundene Pläne und Dinge, um Fahrdaten weiterzugeben. Bessere Auswahlmöglichkeiten für Köpfe schaffen, Controller zeigten vorbereitete Experten und Pioniere. Koordinieren Sie Mechanismen auf offensichtlicher, unbestreitbarer Ebene, künstliche Daten und IoT. Basierend auf Strukturinterkonnektivität und Datenaustausch. Es ist notwendig, den Ausschuss zu reduzieren, die Kosten zu senken und die Unterstützung weiter zu begrenzen. Standardmäßige mechanische Erstellungsstrukturen: Integrieren Sie direkte Zyklen, in denen jeder Experte eindeutige Aufgaben ausführt. Dies kann zu Engpässen und Verzögerungen führen. Was die Flexibilität und Vielseitigkeit wunderbarer Kreationslinien angeht, mangelt es ihnen. End Sharp beaufsichtigt die Werke und bewältigt den Höhepunkt der Geschäftsentwicklung, indem es die Entwicklung nutzt, um die Produktions- und Lieferketten wiederzubeleben. Während wir voranschreiten, wird die vertrauenswürdige

Koordination der physischen und bestimmten Ebenenuniversen weiterhin das mögliche Schicksal von Zusammenkünften prägen.

Kapitel 4: Roboter in der medizinischen Versorgung: Medikamente und Patienten verändern sich

In letzter Zeit hat sich die mechanische Technologie zu einer starken Kraft im Bereich der medizinischen Versorgung entwickelt und die Art und Weise, wie Operationen durchgeführt werden und die Rücksichtnahme auf den Patienten vermittelt wird, grundlegend verändert. Von sorgfältigen Robotern, die Spezialisten mit Genauigkeit und Geschicklichkeit unterstützen, bis hin zu mechanischen Gerüsten, die Patienten Hilfe und Unterstützung bieten, hat die Kombination mechanischer Technologie in medizinischen Dienstleistungen zu entscheidenden Fortschritten bei den Therapieergebnissen, dem Patientenwohl und im Großen und Ganzen bei der Art der Pflege geführt. In diesem Abschnitt untersuchen wir die

Wirkung von Robotern in der medizinischen Versorgung und die außergewöhnliche Rolle, die sie bei der Gestaltung des späteren Schicksals der Medizin spielen. An vorderster Front der mechanischen Technologie in der medizinischen Versorgung stehen sorgfältige Roboter, die die Tätigkeit eines Arztes verändert haben Verfahren, indem es ein außergewöhnliches Maß an Genauigkeit, Kontrolle und Wahrnehmung bietet. Diese mechanischen Systeme sind mit modernsten Bildgebungsinnovationen wie hochwertigen Kameras und 3D-Bildgebung ausgestattet, die Fachleuten eine verbesserte Durchlässigkeit und tiefere Einblicke in die Systeme bieten.

Darüber hinaus ermöglichen automatisierte Arme mit unterschiedlichem Leistungs- und Fähigkeitsniveau den Experten, komplexe Bewegungen mit größerer Präzision und Anpassungsfähigkeit als herkömmliche Präzisionstechniken auszuführen. Eines der bemerkenswertesten Beispiele für fortschrittliche Mechanik ist das da Vinci-Sicherheitssystem, das weithin angenommen wurde auf für vernachlässigbar aufdringliche Systeme in Bereichen wie Urologie, Gynäkologie und Allgemeinmedizin. Das Da-Vinci-System besteht aus mechanischen Armen, die von einer speziellen Konsole gehalten werden, und berücksichtigt genaue Bewegungen und eine empfindliche Gewebekontrolle mit unbedeutenden Eintrittspunkten. Durch die Begrenzung von Verletzungen auf umgebende Gewebe und Organe trug die Mechanik dazu bei, dass ein medizinischer Eingriff den Patienten im Vergleich zur herkömmlichen offenen Chirurgie schnellere Genesungszeiten, geringere Schmerzen und verbesserte Korrekturergebnisse ermöglichte. In Ergänzung zur sorgfältigen mechanischen Technologie spielen Roboter ebenfalls eine unbestreitbar wichtige Rolle klinische Hilfe und Wiederherstellung. Beispielsweise werden mechanische Exoskelette eingesetzt, um Patienten mit Bewegungseinschränkungen wie Verletzungen der Wirbelsäule oder einem Schlaganfall zu helfen, indem sie ihren unteren Gliedmaßen mit Energie versorgt werden. Diese Exoskelette ermöglichen es Patienten, mit größerer Freiheit und Sicherheit zu stehen, zu gehen und Übungen des täglichen Lebens durchzuführen, was zu einer Verbesserung der tatsächlichen Fähigkeiten und der Natur des Lebens führt. Darüber hinaus werden Roboter in telemedizinischen Anwendungen eingesetzt, um aus der Ferne zu spenden Beratung und Beobachtung von Patienten in unterversorgten oder abgelegenen Regionen. Mit Kameras und Bildschirmen ausgestattete Telepräsenzroboter ermöglichen es Anbietern medizinischer Versorgung, kontinuierlich mit Patienten in Kontakt zu treten und Beurteilungen durchzuführen, geologische Hindernisse zu überwinden und die Zulassung zu medizinischen Versorgungsverwaltungen zu erhöhen. Dies ist besonders wichtig in ländlichen Netzwerken oder in Krisenzeiten, wenn der Zugang zu klinischen Behandlungen eingeschränkt sein kann. Darüber hinaus werden Roboter in einer Reihe anderer medizinischer Versorgungseinrichtungen eingesetzt, darunter Drogerien, Forschungseinrichtungen und Restaurierungszentren, um Routineaufgaben zu mechanisieren und zu automatisieren Weiterentwicklung der Produktivität. Robotergestützte Systeme zur Medikamentenverabreichung gewährleisten eine präzise Dosierung und verringern das Risiko von Verschreibungsfehlern, während automatisierte Blutentnahmegeräte die Blutentnahmesysteme vereinfachen und die Unannehmlichkeiten für die Patienten begrenzen. Darüber hinaus werden Roboter in der nichtinvasiven Behandlung und Genesung eingesetzt, um maßgeschneiderte

Aktivitäten und Behandlungssitzungen durchzuführen, die auf die individuellen Bedürfnisse des Patienten zugeschnitten sind. Da jedoch die Innovation in der fortschrittlichen Mechanik weiter voranschreitet, entstehen auch moralische, administrative und kulturelle Auswirkungen, die erforderlich sind gepflegt werden. Bedenken hinsichtlich des Verständnisses von Wohlbefinden, Sicherheit und Risiko erfordern sorgfältige Überlegungen und Kontrolle, um sicherzustellen, dass Roboter kompetent und moralisch vermittelt werden. Außerdem,Bemühungen, Unterschiede bei der Zulassung zu automatisierten Innovationen und der Verwaltung medizinischer Dienstleistungen anzugehen, sind von grundlegender Bedeutung, um sicherzustellen, dass alle Patienten von der Fähigkeit fortschrittlicher Mechaniker profitieren, an klinischen Ergebnissen und der Natur des Lebens zu arbeiten. Letztendlich verändern Roboter die Szene medizinischer Dienstleistungen , was neue offene Türen für die Arbeit an Operationen, die Rücksichtnahme auf den Patienten und allgemein Ergebnisse für das Wohlbefinden bietet. Von sorgfältigen Robotern, die vernachlässigbar intrusive Strategien ermöglichen, bis hin zu automatisierten Exoskeletten, die bei der Vielseitigkeit und Wiederherstellung helfen – der Mix aus mechanischer Technologie in medizinischen Dienstleistungen eröffnet neue Wildnis für Fortschritt und Offenbarung. Während wir weiterhin die Leistungsfähigkeit von Robotern in der medizinischen Versorgung erforschen, bleiben wir von unserer Verpflichtung geleitet, den menschlichen Wohlstand voranzutreiben und eine Zukunft zu schaffen, in der Innovation den Anforderungen von Patienten und Anbietern medizinischer Dienstleistungen gleichermaßen gerecht wird. Darüber hinaus ist der Bereich der mechanischen Technologie in Die medizinische Versorgung entwickelt sich ständig weiter, es entstehen neue Entwicklungen und Anwendungen, die die Medikation und die Rücksichtnahme auf den Patienten zusätzlich verändern werden. Ein solcher Fortschrittsbereich ist die Nutzung computergestützter Argumentation (künstliche Intelligenz) und KI-Berechnungen, um die Fähigkeiten automatisierter Frameworks zu verbessern. Durch eine Vielzahl klinischer Informationen können von künstlicher Intelligenz gesteuerte Roboter Ärzten dabei helfen, Krankheiten zu diagnostizieren, Behandlungssysteme einzurichten und Patientenergebnisse mit größerer Präzision und Effizienz vorherzusagen. Darüber hinaus ermöglichen Fortschritte bei der

Weiterentwicklung von Sensoren und tragbaren Geräten die Entwicklung maßgeschneiderter Medikamente und Fernmedikamente Vereinbarungen zur Patientenbeobachtung. Beispielsweise können Roboter, die mit Biosensoren und Geräten zur physiologischen Kontrolle ausgestattet sind, Gebotszeichen folgen, frühe Warnzeichen für Krankheiten erkennen und Patienten und Gesundheitsdienstleistern geeignete Medikamente oder Alarme geben. Diese kontinuierliche Überprüfung und Eingabe ermöglicht eine proaktive Behandlung hartnäckiger Infektionen und verringert die Notwendigkeit regelmäßiger Notfallbesuche in der Klinik, was die Arbeit an toleranten Ergebnissen und Kostenreserven für medizinische Versorgungssysteme anregt. Darüber hinaus verändern fortschrittliche Mechaniken den Bereich der klinischen Bildgebung und Diagnostik genauere und produktivere Erkennung von Krankheiten und Unregelmäßigkeiten. Automatisierte Bildgebungssysteme, zum Beispiel röntgengesteuerte Roboter und mechanische Ultraschallscanner, ermöglichen eine genaue Fokussierung und Wahrnehmung physischer Designs, verbessern die analytische Präzision und verringern den Bedarf an aufdringlichen

Methoden. Darüber hinaus ermöglichen mechanische Biopsiegeräte Ärzten, Gewebetests mit größerer Genauigkeit und mit vernachlässigbarem Risiko für die Patienten durchzuführen, was zu präziseren Entscheidungen und Behandlungsplanungen führt. Darüber hinaus spielt die mechanische Technologie eine entscheidende Rolle bei der Bewältigung grundlegender medizinischer Probleme wie der Coronavirus-Pandemie ,durch die Ermöglichung einer schnellen Durchführung von Ereignissen und die Organisation von Demonstrationstests, Therapeutika und Impfungen. In Laboren werden Roboter eingesetzt, um Hochdurchsatz-Testprozesse zu mechanisieren, die Entdeckung viraler Erkrankungen zu beschleunigen und bei Kontaktverfolgungsversuchen zu arbeiten. Außerdem werden Roboter in Kliniken eingesetzt, um Oberflächen zu desinfizieren, Medikamente zu transportieren und bei der Patientenbetreuung zu helfen, wodurch das Risiko einer Übertragung verringert und das medizinische Personal entlastet wird. Da Roboter jedoch in der medizinischen Versorgung zunehmend koordiniert werden, ist dies von grundlegender Bedeutung um Bedenken im Zusammenhang mit Patientenschutz, Informationssicherheit und moralischen

Überlegungen auszuräumen. Es sollten Schutzschilde eingerichtet werden, um sicherzustellen, dass Patientendaten geschützt sind und dass Roboter achtsam und moralisch gemäß den festgelegten klinischen Regeln und Richtlinien eingesetzt werden. Darüber hinaus müssen Anstrengungen unternommen werden, um Abweichungen bei der Zulassung zu mechanischen Innovationen und medizinischen Versorgungsverwaltungen zu beseitigen, um eine faire Bereitstellung medizinischer Leistungen zu gewährleisten und die Ergebnisse für das Wohlbefinden aller Patienten weiterzuentwickeln. Letztendlich ist die mechanische Technologie bereit, die Wirkung von Medikamenten und Patienten zu verändern Berücksichtigung auf sinnvolle und wirksame Weise. Von intelligenten Robotern, die unwesentlich aufdringliche Methoden ermöglichen, bis hin zu computergestützten, intelligenzgesteuerten Krankheitssystemen und weit entfernten Verständniskontrollsystemen birgt die Einbindung mechanischer Technologie in medizinische Dienstleistungen enorme Möglichkeiten für die Arbeit an klinischen Ergebnissen, die Senkung der Kosten medizinischer Dienstleistungen und die Verbesserung der medizinischen Versorgung persönliche Zufriedenheit der Patienten.

Während wir weiterhin die Leistungsfähigkeit von Robotern in der medizinischen Versorgung erforschen, sollten wir uns weiterhin darauf konzentrieren, Innovationen anzugehen, um der Menschheit zu helfen und eine Zukunft zu schaffen, in der jeder erstklassige, barmherzige und maßgeschneiderte medizinische Dienstleistungen erbringt. Darüber hinaus ist es angesichts der zuverlässigen Einordnung von Robotern in klinische Leistungssysteme von entscheidender Bedeutung, sich auf die interdisziplinäre gemeinsame Anstrengung und das Entwicklungsengagement zu konzentrieren, um sicherzustellen, dass elektronische Antriebe die Probleme und Vorstellungen von Patienten, klinischen Denkern und anderen Partnern berücksichtigen. Indem wir die Beziehung zwischen Ingenieuren, Klinikern, ausgebildeten Fachkräften, politischen Entscheidungsträgern und Patienten herstellen, können wir gemeinsam einfallsreiche Vereinbarungen treffen, die die rätselhaften Schwierigkeiten und Zugänge beim Transport klinischer Vorteile angehen. Ebenso sind die Bemühungen, die Vorbereitung und Organisation in der mechanischen Neuentwicklung und im klinischen Denken voranzutreiben, von großer Bedeutung für die Vorbereitung der großen neuen Saison des klinischen Denkens, bei der Spezialisten und

Technologen die größtmöglichen Ausmaße des automatisierten Fortschritts erreichen. Indem wir Türen für ein dynamisches Erlebnis, interdisziplinäre gemeinsame Anstrengung und zuverlässiges Lernen öffnen, können wir Experten für klinische Vorteile mit den Informationen und Endpunkten versorgen, die sie benötigen, um mechanische Bewegungen in ihre klinische Praxis zu integrieren und den Patienten weiter zu helfen. Darüber hinaus planen wir,Es ist von entscheidender Bedeutung, weiterhin Ressourcen in kreative Bemühungen zu stecken, um die Besten ihrer Klasse in Bezug auf mechanische Bewegung und klinische Ideen hervorzubringen. Durch die Unterstützung interdisziplinärer Bewertungsprojekte, Entwicklungsinitiativen und öffentlich-privater Verbindungen können wir die Geschwindigkeit des Fortschritts beschleunigen und unglaublich elektronische Impulse vom Labor zum Arbeitsplatz bringen. Dabei werden wachsende neue motorisierte Stufen, Beurteilungen und Sensoren zusammengeführt, die auf erworbene klinische Anforderungen eingehen und eine neu angestrebte, patientenorientierte Pflege ermöglichen. Endlich ist die mechanische Verbesserung bereit, die Darstellung von Medikamenten und Patientenbetrachtungen zu verändern, indem sie neue Wege für die

Steuerung klinischer Ergebnisse eröffnet, Patientenkontakte neu gestaltet und die Kosten für klinische Vorteile senkt. Indem wir die Grenzen der mechanischen Verbesserung des klinischen Denkens akzeptieren und konsequent über Disziplinen und Regionen hinweg arbeiten, können wir eine Zukunft schaffen, in der jeder unbestreitbar hochwertige, intelligente und veränderte Zugehörigkeiten zu klinischen Vorteilen erreicht. Während wir uns weiterhin mit den regelmäßigen Ergebnissen von Robotern in der klinischen Forschung befassen, sollten wir uns von unserer Verpflichtung leiten lassen, Menschen zum Erfolg zu bewegen und eine Zukunft zu schaffen, in der Verbesserungen den Bedürfnissen der Patienten und den Anbietern klinischer Vorteile gleichermaßen dienen.

Fortschritte in der sorgfältigen mechanischen Technologie und der klinischen Hilfe

Robotergestützte medizinische Verfahren: Robotergestützte medizinische Verfahren haben seit ihrer Entstehung Ende der 1960er Jahre Fortschritte gemacht. Heutige automatisierte Sicherheitssysteme sind mit äußerst geschickten Armen und verkleinerten Instrumenten ausgestattet. Diese Systeme verringern Erdbeben, ermöglichen fragile Bewegungen und verbessern die Präzision. Durch die Kombination von Bild- und Darstellungsfortschritten wird die Genauigkeit weiter entwickelt. Haptisches Eingabe-Framework: Intelligente Roboter integrieren derzeit ein haptisches Eingabe-Framework.

➢ Dies ermöglicht es Ärzten, die Gewebekonsistenz bei Übungen ohne tatsächlichen Kontakt zu überwachen und so Wunden aufgrund unangemessener Kraftanwendung vorzubeugen. Teleoperation: Spezialisten können topografische Grenzen durch den Einsatz von Teleoperation überwinden. Diese Innovation ermöglicht die Vermittlung medizinischer Versorgung aus der Ferne. Computergestütztes Denken (computergestützte Intelligenz) und KI (ML): Computergestützte Intelligenz und ML spielen eine entscheidende Rolle bei der intelligenten Steuerung. Sie verbessern die Wahrnehmung verwirrender physikalischer Designs und führen zu besseren Ergebnissen für Patienten. Schnellere Erholung und weniger Verwirrung: Diese Vielzahl an Fortschritten trägt zu einer schnelleren dauerhaften Erholung und weniger

Komplexität nach der Pflege bei. Wie dem auch sei, es gibt Schwierigkeiten zu überleben: Kosten: Die Sicherung und Wartung mechanischer Strukturen ist kostspielig.

> Größe: Die Größe mechanischer Gerüste kann bestimmte Einstellungen behindern. Fachliche Vorbereitung: Eine ordnungsgemäße Vorbereitung ist für den erfolgreichen Einsatz intelligenter Roboter von entscheidender Bedeutung. Ungeachtet dieser Schwierigkeiten sieht das Schicksal mechanischer medizinischer Eingriffe ermutigend aus. Fortschritte wie die vom Menschen geschaffene, intelligenzgesteuerte Mechanisierung, Nanoroboter, winzige medizinische Eingriffe, halbrobotisierte telerobotische Systeme und die Auswirkungen des 5G-Netzwerks auf weit entfernte medizinische Eingriffe treiben weiterhin den Fortschritt in der medizinischen Versorgung voran. Organisationen wie Natural Careful, Johnson and Johnson, Medtronic und Olympus sind Vorreiter auf diesem Gebiet.

Kapitel 5: Die Aufgabe von Robotern bei der Untersuchung: Offenlegung von Weltraum- und maritimen Informationen

Roboter haben schon lange erkannt, dass sie eine grundlegende Rolle dabei spielen, das Universum zu entschlüsseln und die Geheimnisse langweiliger Orte zu enthüllen, sowohl auf dem Planeten als auch ohne Forschung. Von elektronischen Driftfahrzeugen, die die Marsoberfläche überqueren, bis hin zu kostenlosen Hiebfahrzeugen, die die Tiefen der Meerestiefen planen, erhöht die mechanische Untersuchung die Anforderungen an menschliche Informationen und verändert unsere Sicht auf das Universum.

In diesem Teil werden wir uns mit der veränderten Steuerung von Robotern in der Forschung und den entscheidenden Möglichkeiten befassen, die sie im Weltraum und in den Ozeanen bieten. An der Spitze der mechanischen Forschung steht der Bereich der raummechanischen Entwicklung, der endlose motorisierte Missionen und Fortschritte abdeckt von denen erwartet wird, dass sie göttliche Körper untersuchen und das Universum erkunden. Computergestützte Streuner, zum

Beispiel die Mars-Vagabunden Soul, Opportunity und Premium der NASA, haben die Art und Weise verändert, wie wir den Roten Planeten entschlüsseln können, indem wir seine Oberfläche inspizieren, fundierte Analysen durchführen und geografische Modelle erstellen. Diese Wanderer sind mit einer Reihe von Instrumenten ausgestattet, darunter Kameras, Spektrometer und Bohrer, die sie dazu bringen, die Marslandschaft zu untersuchen und nach Hinweisen auf vergangenes oder gegenwärtiges Leben zu suchen. Außerdem mechanische Raketen, zum Beispiel die Explorer der NASA Tests und die Marsstreuner sind an unserem Planetentreffen vorbeigewandert und haben wichtige Informationen und Daten in die äußeren Ebenen des Universums gegeben.

Diese weltraummechanischen gesellschaftlichen Veranstaltungen sind mit Sensoren und Instrumenten ausgestattet, die es ihnen ermöglichen, entfernte Planeten, Monde und spektakuläre Unkonventionalitäten ins Visier zu nehmen und Einblicke in die Form und Entwicklung unserer Planetengruppe und des grundlegenderen Universums zu gewinnen. Darüber hinaus verändern mechanische Teleskope und Observatorien, zum Beispiel das Hubble-Weltraumteleskop und das James-Webb-

Weltraumteleskop, ständig die Erkenntnis, dass wir das Universum enträtseln könnten, indem wir schockierende Bilder finden und Informationen von weit entfernten Strukturen und bedeutungsvollen Phänomenen zusammentragen.In der Expansion In Bezug auf die Weltraumforschung spielen Roboter eine wichtige Rolle bei der Ozeanforschung, indem sie sich mit Experten verbinden, um die enormen und begrenzten Tiefen des Meeres zu untersuchen und zu steuern. Freie Schnittfahrzeuge (AUVs) und ferngesteuerte Fahrzeuge (ROVs), die mit Kameras, Sonar und anderen Sensoren ausgestattet sind, sind bereit für den Abstieg in Tiefen von Tausenden von Metern und sammeln grundlegende Standardinformationen und Symbole von abgehackten Szenen und gewöhnlichen Plänen. Diese Roboter ziehen Experten hinzu, um sich auf weit entfernte Wasserquellen, Korallenriffe und Meereslebewesen zu konzentrieren und wichtige Daten über die Vernetzung der Meere der Erde und die Auswirkungen menschlicher Übungen auf Meeresökosysteme zu liefern. Darüber hinaus werden Roboter entsandt unter extremen Bedingungen, zum Beispiel in der Polarregion und entfernten Meereskanälen, um mit vernünftiger Einschätzung zu arbeiten und typische Veränderungen zu untersuchen.

Roboter, die ins Eis eindringen, wie der Icebreaker der NASA, werden eingesetzt, um Teile polarer Eisschilde zu orten und Veränderungen des Meeresspiegels und der Umwelt zu überwachen. Darüber hinaus ziehen weit entfernte Ozean-ROVs, die mit Steuerarmen und sichtbaren Instrumenten ausgestattet sind, Experten hinzu, um aus den Meerestiefen wesentliche Informationen zu Fortschritt, Gestein und Meereslebewesen zu sammeln, was uns dabei hilft, die Weltraumgeschichte und die Artenvielfalt der Erde zu entschlüsseln Die Entwicklung umfasst die Verbesserung kreativer Reaktionen zur Erforschung und Besiedlung anderer atemberaubender Himmelskörper wie Mond und Mars. Automatisierte Lander und Lander, die mit der Präsenz wichtiger Verbindungen und Ressourcennutzungsschüben ausgestattet sind, werden durchgeführt, um menschliche Forschungsmissionen in diese weit entfernten Universen zu unterstützen. Darüber hinaus werden freie Roboter und Vagabunden für den Einsatz bei der Entwicklung von Mond- und Mars-Alltagsteilen sowie für die Suche und den Abbau lebenswichtiger Ressourcen wie Wasser und Mineralien in Betracht gezogen Im Meer ist es wichtig, über die moralischen, normalen und legitimen verzögerten Folgen der robotergestützten Beurteilung nachzudenken.

Versuche, atemberaubende Tiere und Meereslebewesen zu schützen und zu schützen, erfordern eine umsichtige Vorgehensweise und Koordination untereinander. Darüber hinaus,Sorgen über Weltraumverschwendung und Umweltverschmutzung sollten angegangen werden, um die Realität der Weltraumuntersuchungen zu gewährleisten und den Kontakt mit fliegenden Raketen und Satelliten zu verhindern. Bei der Zertifizierung spielen Roboter eine wesentliche Rolle bei der Navigation, damit wir das Universum erkunden und fördern können die Wälder menschlicher Beurteilung. Von der Analyse entfernter Planeten und Dynamitkörpern bis hin zur Organisation der Tiefen der Meerestiefen befasst sich die mechanische Forschung mit grundlegenden Erkenntnissen und der Umgestaltung der Art und Weise, wie wir das Universum übersetzen können. Während wir die Grenzen der mechanischen Forschung immer weiter ausdehnen, lassen Sie uns weiterhin von unserem einprägsamen Tempo, unserem fantasievollen Frontalkortex und unserer Verpflichtung, die schwachen und lose gehaltenen Informationsschnipsel des Universums zu erforschen, begleitet bleiben. Die Anforderungen roboterisierter Reisender sollten noch umfassender sein und in den Bereichen

Stärke für mehr und Enthüllungen sowohl in der Weltraum- als auch in der Meeresforschung beeindruckend sein. Zukünftige Weltraummissionen könnten beispielsweise die Anordnung enormer Mengen an Robotern mit eingeschränkter Reichweite integrieren, um Planetenoberflächen beeindruckend schneller zu bewerten, Tests durchzuführen und direkte Bewertungen einfacher durchzuführen. Diese Roboter könnten ihre Aktivitäten freundlich teilen, weitergeben und herausfinden, um anspruchsvolle Ziele mit größerer Kapazität als einzelne Missionen zu erreichen. In ähnlicher Weise eröffnen Fortschritte bei der Meeresforschung Fortschritte in der hochrangigen Mechanik zusätzliche Durchgänge, um sich auf großartige Bedingungen zu konzentrieren. zum Beispiel Wasserquellen, weit entfernte Meereskanäle und eisbedeckte Meere. Verkleinerte AUVs, die mit modernsten Sensoren und Zerlegegeräten ausgestattet sind, könnten in großer Zahl zur Verfügung gestellt werden, um diese entfernt zu planen und zu analysieren und Tests durchzuführen, die in Bezirken auftauchen und Informationen über die Artenvielfalt, Geographie und den allgemeinen Zustand des riesigen Ozeans liefern Bestimmte Level-Mechaniker arbeiten mit allgemeiner Unterstützung und Beteiligung an

Forschungsprojekten, wobei Weltraumverbände, Forschungseinrichtungen und restriktive Verbände Versuche bündeln, Ressourcen und Stärke zu bündeln, um komplexe Gebäudekomplexe zu überwachen.
Beispielsweise dient die Allgemeine Raumstation (ISS) als Bühne für die Organisation von Vorbereitungen und Testüberholungen in einem Schwerelosigkeitsklima, an der Weltraumforscher und Maschinenbauer teilnehmen, um anzuregen, wie wir menschliches Gedeihen, Materialwissenschaften und Weltraumforschungstechnologien umsetzen können. In ähnlicher Weise bringt beispielsweise das Nautilus Assessment Program des Sea Research Trust organisierte Experten, Wissenschaftler und Lehrer aus der ganzen Welt zusammen, um viele neue Meeresgebiete zu erforschen und zu erkunden. Durch den Einsatz robotisierter Technologien wie ROVs und AUVs entdecken diese Bemühungen neue Arten, Landtechniken und typische Strukturen und aktualisieren, wie wir das Meeresklima und seine Bedeutung für das Leben auf der Erde verbessern können. Darüber hinausDa sich die mechanischen Testgrenzen immer weiter verbessern, lohnt es sich, Roboter einzusetzen, um auf anderen Planeten und Monden nach Hinweisen auf außerirdisches Leben und

erträglichen Bedingungen zu suchen. Missionen zu kalten Monden wie Europa und Enceladus, die unterirdische Meere unter ihren gefrorenen Oberflächen untersuchen könnten, könnten es erschweren, mechanische Tests zu senden, um diese weit entfernten Universen zu untersuchen und nach mikrobiellem Leben oder Bedingungen für Leben wie uns zu suchen Wissen Sie es. Wenn wir uns jedoch auf die Stärkebereiche dieser Missionen verlassen, ist es von grundlegender Bedeutung, sich mit den moralischen, garantierten und sozialen Auswirkungen der maschinellen Bewertung auseinanderzusetzen. Anforderungen an die globale Sicherheit, die allgemeine Wirkung und die angemessene Streuung der Ressourcen sollten sorgfältig geprüft werden, um sicherzustellen, dass Bewertungsproben kontinuierlich und gemäß den allgemeinen Verfahren und Rahmenbedingungen durchgeführt werden. Darüber hinaus sind die Bemühungen, Menschen aus aller Welt einzubeziehen und die Diskussion über die Vorteile und Gefahren der mechanischen Beurteilung anzuregen, von grundlegender Bedeutung für den Aufbau von Sponsoring und Verständnis für künftige Beurteilungsbemühungen. In der Entscheidung übernehmen Roboter eine ungewöhnliche Rolle bei der Durchführung von Pflegemaßnahmen, die wir enträtseln könnten das Universum und erweitern die angeregten Bereiche der menschlichen Untersuchung. Von der Erforschung weit entfernter Planeten und außergewöhnlicher Körper bis hin zur Anordnung der Tiefen der Meerestiefen eröffnen mechanische Pilger neue Möglichkeiten und gestalten die Art und Weise, wie wir das Universum entschlüsseln können, neu. Während wir die Grenzen der automatisierten Beurteilung immer weiter ausdehnen, lassen Sie uns von unserem kreativen Fünf-Sterne-Geist und der Verpflichtung geprägt bleiben, auch in Zukunft die langweiligen und impulsiven Menschen zu erkunden, um das Unergründliche zu wagen.Von der Erforschung weit entfernter Planeten und außergewöhnlicher Körper bis hin zur Anordnung der Tiefen der Meerestiefen eröffnen mechanische Pilger neue Möglichkeiten und gestalten die Art und Weise, wie wir das Universum entschlüsseln können, neu. Während wir die Grenzen der automatisierten Beurteilung immer weiter ausdehnen, lassen Sie uns von unserem kreativen Fünf-Sterne-Geist und der Verpflichtung geprägt bleiben, auch in Zukunft die langweiligen und impulsiven Menschen zu erkunden, um das Unergründliche zu wagen.Von der Erforschung weit entfernter Planeten und außergewöhnlicher Körper bis hin zur

Anordnung der Tiefen der Meerestiefen eröffnen mechanische Pilger neue Möglichkeiten und gestalten die Art und Weise, wie wir das Universum entschlüsseln können, neu. Während wir die Grenzen der automatisierten Beurteilung immer weiter ausdehnen, lassen Sie uns von unserem kreativen Fünf-Sterne-Geist und der Verpflichtung geprägt bleiben, auch in Zukunft die langweiligen und impulsiven Menschen zu erkunden, um das Unergründliche zu wagen.

Von Marswanderern zu abgelegenen Ozeanreisenden

Wenn wir „streunend" hören, springen unsere Gedanken immer wieder zu Bildern der Marsbewertung, wo mechanische Vagabunden wie Steady Quality und Premium die Oberfläche des Roten Planeten erkunden und seine Geologie nach Anzeichen vergangener Vernünftigkeit zerlegen. Unabhängig davon zeigt die Erde auch ihre Streuner, und sie erforschen einen Ersatzwildnis: den riesigen Ozean. Ein solch denkwürdiger Vagabund ist der Benthic Wanderer II, hergestellt von Experten der Monterey Delta Aquarium Assessment Connection (MBARI). Ganz anders als seine Marspartner arbeitet Benthic Vagabond II 4.000 Meter unter der Meeresoberfläche, auf einer neuen kritischen Ebene, und überwindet den atemberaubenden Haufen von 6.000 Pfund pro Quadratzentimeter Druck. Wir sollten in das bezaubernde Universum der fernen Meeresforschung eintauchen und diesen verwirrenden Streuner studieren. Benthic Drifter II: Erforschung der kritischen Bewertung des Kohlenstoffkreislaufs am Meeresgrund: Die Hauptaufgabe von Benthic Stray II besteht darin, Daten im Zusammenhang mit dem Kohlenstoffkreislauf zu sammeln. Es sucht nach Antworten auf Fragen wie „Welche Kohlenstoffquellen tauchen in den fernen Meerestiefen auf?" Kehrt dieser Kohlenstoff als Kohlendioxid in die Umwelt zurück (was möglicherweise zu einer allgemeinen Temperaturveränderung beiträgt) oder bleibt er bei der Verbesserung der Ozeane sicher gebunden? Durch die Untersuchung des Sauerstoffverbrauchs von Tieren und Mikroorganismen auf der Basis nach einiger Zeit hilft der Wanderer Wissenschaftlern dabei, zu verstehen, wie sich Kohlenstoff von der Oberfläche zur Meeresbasis bewegt. Testumgebung: Die weit entfernte Meeresumgebung, in der Benthic Wanderer II arbeitet, ist mehr als albern: Kritische Ebene: Eine ignorierte, turbulente Meeresbasis in einer Tiefe von 4.000 Metern. Kalte Temperaturen und hohe Belastung: Der Wanderer kommt trotz eisiger Kälte und enormem Druck voran.

> Dunkelheit: Sonnenlicht dringt nicht in diese Tiefen ein, daher verlässt sich der Vagabund auf gefälschte Beleuchtung. Kostenlose Evaluierung: Benthic Vagabond II arbeitet hemmungslos, erkundet die Meeresbasis, macht Fotos und sammelt Daten. Seine Kamera fängt erschütternde Begegnungen mit riesigen Fischen ein, zum Beispiel beim Blick durch Rattails (Coryphaenoides sp.). Überlegungen zum ökologischen Wandel: Das Verständnis des Kohlenstoffkreislaufs im fernen Meer hat weitreichendere Auswirkungen auf alltägliche Veränderungen. Die Erwartung, dass Kohlendioxid aus dem Meeresgrund freigesetzt wird, könnte zu einer allgemeinen Erwärmung beitragen. Andererseits mildert die Bindung von Kohlenstoff bei der Meeresentwicklung normale Auswirkungen. Das Organisieren von Lasten: Eine Reise ins ferne Meer erfordert erstaunliche orchestrierende Probleme: Liberale Materialien: Der Drifter sollte über verrückten Druck und herzzerreißendes Salzwasser

hinausgehen. Klarer Kurs: Der relative Kurs der Szene, ähnlich wie beim Marsstreuer, hilft Benthic Wanderer II bei der genauen Untersuchung. Zusammenfassend lässt sich sagen, dass Benthic Wanderer II in die Geheimnisse unserer kolossalen Ozeane eintaucht, während Marsdrifter entfernte Planeten zerstören. Seine Daten tragen dazu bei, wie wir Kohlenstoffteile abwickeln können, und erhellen unsere Methode zur Verwaltung und Verwaltung der normalen Verwaltung.

Kapitel 6: Fortgeschrittene Mechanik und Unterricht: Das Schicksal des Lernens gestalten

In letzter Zeit hat sich die mechanische Innovation zu einer notwendigen Ressource für die Weiterentwicklung und Vorbereitung entwickelt und bietet Schülern jeden Alters die Möglichkeit, an umfassenden Lernerfahrungen teilzunehmen, die kreative Köpfe, schlüssiges Denken und entscheidungsfreudiges Denken fördern. Von Grundschulen bis hin zu Universitäten regen Mechanikprogramme auf hohem Niveau Schüler dazu an, sich auf fantasievolle und assoziative Weise mit den Disziplinen Naturwissenschaften, Entwicklung, Planung und Mathematik (MINT) auseinanderzusetzen.

In diesem Teil werden wir die Rolle der mechanischen Innovation bei der Vorbereitung und ihre Auswirkungen auf die Verbesserung des Lernerfolgs untersuchen. Im Zentrum der mechanischen Innovation steht die Nachhilfe als die Perspektive des Fortschritts durch Handeln, bei der Schüler erfolgreich an der Organisation, dem Aufbau, und Roboter so zu programmieren, dass sie echte Härten bewältigen können. Durch die Mitarbeit in Versammlungen erwerben Studierende enorme Kompetenzen wie

Korrespondenz, gemeinsame Arbeit und Besorgungen im Vorstand, die in der Arbeitswelt des 21. Jahrhunderts von großer Bedeutung sind. Darüber hinaus unterstützen mechanische Innovationsprojekte den Erfindungsreichtum und die Verbesserung, da die Schüler ermutigt werden, verschiedene Wege in Bezug auf unterschiedliche Pläne und Angebote zu erkunden, um ihre Ziele zu erreichen. Eine der bemerkenswertesten Phasen für die Vorbereitung mechanischer Innovationen ist LEGO Mindstorms, das den Schülern eine anpassungsfähige und unkomplizierte Lösung vermittelt Bühne zum Bauen und Programmieren von Robotern mit LEGO-Steinen und Sensoren. LEGO Mindstorms-Pakete vereinen programmierbare Blöcke, Motoren, Sensoren und Programmiergeräte, die Schüler dazu anregen, Roboter zu planen und zu bauen, die eine enorme Anzahl von Aufgaben ausführen können, von der Untersuchung von Hindernisparcours bis hin zum Orchestrieren von Dingen oder Spielen. Diese Einheiten werden in Klassenräumen auf der ganzen Welt verwendet, um Schülern die Grundlagen der mechanischen Innovation und Programmierung auf alberne und kluge Weise zu vermitteln. Darüber hinaus bieten mechanische Innovationswettbewerbe wie FIRST Mechanical

Innovation und VEX Progressed Mechanics den Schülern die Möglichkeit, ihre Fähigkeiten und Kenntnisse anzuwenden Daten in einer unerbittlichen Umgebung, in der sie Roboter entwerfen, entwickeln und programmieren, um in einer Bewegung voller Herausforderungen zu kämpfen. Diese Herausforderungen statten die Schüler mit engagiertem Verständnis aus und entwickeln Zusammenarbeit, Sportlichkeit und ein Gefühl der Verbesserung, wenn sich Gruppen zusammenschließen, um unglaubliche Probleme zu lösen und gemeinsame Ziele zu erreichen. Darüber hinaus vermitteln Wettbewerbe im Bereich mechanischer Innovationen den Schülern die Empfänglichkeit für authentische Planungspraktiken und Branchenmentoren und bieten wichtige Einblicke in potenzielle Geschäftswege in MINT-Bereichen. Darüber hinaus beschränkt sich die Vorbereitung mechanischer Innovationen nicht auf herkömmliche Testkorridorumgebungen, sondern wird auch durch entspanntes Lernen erleichtert Bedingungen, zum Beispiel außerschulische Programme, Tageslager und Maker Spaces. Diese entspannten, offenen Eingänge ermöglichen es den Schülern, fortgeschrittene Mechanik in ihrem Tempo zu studieren und ihre Tendenzen in MINT-Fächern über den Klassenraum hinaus zu verfolgen. Darüber hinaus vermitteln hochrangige Mechanikerclubs und -verbände den Schülern das Gefühl, in der Nachbarschaft einen Ort zu haben, an dem sie mit Kollegen zusammenarbeiten können, die ähnliche Interessen und Leidenschaften teilen. Darüber hinaus erwarten hochrangige Mechaniker eine grundlegende Rolle bei der Förderung von Bildung und Forschung im MINT-Bereich Vorbereitung durch Bereitstellung von Zutrittsmöglichkeiten für unterrepräsentierte Zusammenkünfte, darunter Frauen und Minderheiten,sich an dynamischen offenen Türen für Entwicklung und Forschung zu beteiligen und Wege in der Entwicklung und Planung einzuschlagen. Beispielsweise sind Young Women Who Code und Ethnic Minorities CODE bestrebt, mit jungen Frauen und jungen Frauen in Kontakt zu treten, die nach Berufungen in MINT-Bereichen suchen, und zwar durch modernste Mechaniken und Programmierprogramme, die den kreativen Geist fördern, Anstrengung erleichtern und die Entwicklung von Autorität fördern Da sich die Nachhilfe für Mechanik auf dem neuesten Stand der Technik weiterentwickelt, ist es jedoch von grundlegender Bedeutung, sich mit Herausforderungen wie Zugang, Wert und

Lehrerplanung zu befassen, um sicherzustellen, dass alle Schüler die erwartete Möglichkeit haben, von der Vorbereitung auf die Mechanik auf dem neuesten Stand zu profitieren. Versuche, in unterversorgten Netzwerken Zugang zu innovativen Mechanikressourcen und -aktivitäten zu schaffen, den Lehrkräften umfassende Entwicklungschancen zu bieten und weitreichende Bildungspraktiken voranzutreiben, sind von entscheidender Bedeutung, um die Öffnung des MINT-Bereichs zu schließen und die außergewöhnliche Zeit der Vorreiter und Problemlöser zu nutzen .Letztendlich verändert die mechanische Innovation den Nachhilfeunterricht, indem sie den Schülern dynamische Entwicklungsmöglichkeiten bietet, die kreative Köpfe, zielgerichtetes Denken und gelassene Anstrengung fördern. Von LEGO Mindstorms-Paketen in Grundschulen bis hin zu mechanischen Innovationsherausforderungen in Wahlschulen und Universitäten – eine hochqualifizierte Mechanikvorbereitung regt Schüler dazu an, MINT-Fächer auf bisher unvorstellbare Weise zu erkunden. Während wir weiterhin die Kraft modernster Mechanik in der Vorbereitung bereitstellen, bleiben wir bestrebt, umfassende Lernbedingungen zu schaffen, die allen Schülern ermöglichen, im 21. Jahrhundert erfolgreich zu sein und zu gedeihen Modernste Mechaniken in der Nachhilfe entwickeln sich, bieten neue Zugänge zum Lernen und öffnen Türen für die Entwicklung. Fortschritte in der virtuellen und erweiterten Realität (VR/AR) werden beispielsweise in die mechanische Innovation integriert, um virtuelle Umstände zu schaffen, in denen Schüler Roboter in nachgestellten Umgebungen entwerfen, bauen und testen können. Diese virtuellen Erfahrungen regen die Schüler dazu an, komplexe Gedanken und Umstände auf sichere und natürliche Weise zu untersuchen und so ihr Verständnis und ihre Unterstützung für MINT-Prinzipien zu aktualisieren. Darüber hinaus werden mechanische Innovationen eingesetzt, um den interdisziplinären Fortschritt in vielen Informationsbereichen zu unterstützen, von Handwerk über Musik bis hin zu Geschichte und Komponieren. Beispielsweise fordern hochentwickelte Mechanik, die Teile des Beschreibens, des Erfindungsreichtums und des Designs festigt, die Schüler dazu auf, allgemein und fantasievoll zu denken, während sie ihre Betrachtungen durch modernste Mechanik wiederbeleben. Durch die Planung fortgeschrittener Mechaniken in gruppierten Lehrplanumgebungen können Pädagogen Schülern große und bedeutende offene Türen für die Entwicklung eröffnen, die jede Grenze zwischen Spekulation und Praxis überwinden. Darüber hinausHochqualifizierte Mechaniker fördern die umfassende Teilnahme und den sozialen Austausch von Partnerstudenten aus verschiedenen Ländern und Einrichtungen durch gemeinsame Abenteuer und Auseinandersetzungen mit fortgeschrittenen Mechanikern. Projekte wie der Vital Overall Test und der RoboCup Junior schließen sich Zusammenkünften von Studenten aus der ganzen Welt an, um gemeinsam an Herausforderungen der mechanischen Innovation zu arbeiten und ihre Talente auf einer Gesamtbühne zu präsentieren. Diese weltweit zusammengestellten Bemühungen fördern vielfältiges Wissen und Partnerschaft und bieten den Schülern entscheidende Möglichkeiten zur Förderung von Teilnahme, Korrespondenz und Organisationsfähigkeiten in einem multikulturellen Kontext. Darüber hinaus verbindet die Nachhilfe für mechanische Innovation die Schüler dazu, Problemlöser zu werden und ihre Organisationen zu verbessern, indem sie ihr Wissen und ihre Kenntnisse anwenden Fähigkeiten, echte Probleme und Probleme zu erkennen. Beispielsweise fordern mechanische Innovationsprojekte, deren Schwerpunkt auf regelmäßiger Absicherung,

Fehlerreaktion und klinischer Betrachtung liegt, Studierende dazu, fortschrittliche mechanische Entwicklung in gesellschaftliche Herausforderungen einzubeziehen und einen wertvollen Nutzen für ihre Unternehmen zu erzielen. Durch die Teilnahme an Lernprojekten fördern wir Mitgefühl, Mitgefühl und ein Gefühl des sozialen Engagements bei den Schülern und versetzen sie in die Lage, moralisch und mit den Bewohnern einer unwiderlegbar vernetzten Welt verbunden zu werden. Da jedoch weiterhin mechanische Innovationen geschaffen werden, ist dies von grundlegender Bedeutung Auseinandersetzung mit der Betonung der moralischen, sozialen und biologischen Folgen der Entwicklung modernster Mechanik. Diskussionen über den ethischen Einsatz mechanischer Innovationen, einschließlich Themen wie Sicherheit, Freiheit und Neigung, sollten in ein hochmodernes Mechanik-Lehrsystem integriert werden, um sicherzustellen, dass die Schüler ein differenziertes Verständnis der ethischen Fragen erhalten, die mit der Gestaltung und Übermittlung computergestützter Strukturen einhergehen . Darüber hinaus sind Versuche, die Sensibilität und Kompetenzverbesserung in der Nachhilfe für mechanische Innovationen zu fördern, von entscheidender Bedeutung, um sicherzustellen, dass die Schüler auf die rätselhaften Herausforderungen und Chancen der Zukunft vorbereitet sind. Letztendlich verändert die Mechanik auf hohem Niveau die Vorbereitung, indem sie den Schülern attraktive und beeindruckende Chancen bietet für die Entwicklung, die kreativen Geist, eindeutiges Denken und gelassenen Einsatz fördert. Von LEGO Mindstorms-Einheiten in Grundschulen bis hin zu weltweiten mechanischen Innovationsherausforderungen in Wahlschulen und Universitäten: Die Vorbereitung auf mechanische Innovation bewegt Schüler dazu, sich auf bisher unvorstellbare Weise mit MINT-Fächern zu befassen. Während wir weiterhin die Kraft der technischen Innovation in der Ausbildung nutzen, sollten wir uns weiterhin darauf konzentrieren, umfassende Lernbedingungen zu schaffen, die alle Schüler zu etablierten Schülern und Pionieren machen, die im 21. Jahrhundert gedeihen können, um es genau zu sagen am wenigsten.Der Vital Overall Test und der RoboCup Junior schließen sich Studententreffen aus der ganzen Welt an, um an mechanischen Innovationsproblemen zusammenzuarbeiten und ihre Talente auf einer Gesamtbühne zu präsentieren. Diese weltweit zusammengestellten Bemühungen fördern vielfältiges Wissen und Partnerschaft und bieten den Schülern entscheidende Möglichkeiten zur Förderung von Teilnahme, Korrespondenz und Organisationsfähigkeiten in einem multikulturellen Kontext. Darüber hinaus verbindet die Nachhilfe für mechanische Innovation die Schüler dazu, Problemlöser zu werden und ihre Organisationen zu verbessern, indem sie ihr Wissen und ihre Kenntnisse anwenden Fähigkeiten, echte Probleme und Probleme zu erkennen. Beispielsweise fordern mechanische Innovationsprojekte, deren Schwerpunkt auf regelmäßiger Absicherung, Fehlerreaktion und klinischer Betrachtung liegt, Studierende dazu, fortschrittliche mechanische Entwicklung in gesellschaftliche Herausforderungen einzubeziehen und einen wertvollen Nutzen für ihre Unternehmen zu erzielen. Durch die Teilnahme an Lernprojekten fördern wir Mitgefühl, Mitgefühl und ein Gefühl des sozialen Engagements bei den Schülern und versetzen sie in die Lage, moralisch und mit den Bewohnern einer unwiderlegbar vernetzten Welt verbunden zu werden. Da jedoch weiterhin mechanische Innovationen geschaffen werden, ist dies von grundlegender Bedeutung Auseinandersetzung mit der Betonung der moralischen, sozialen und biologischen Folgen der Entwicklung modernster

Mechanik. Diskussionen über den ethischen Einsatz mechanischer Innovationen, einschließlich Themen wie Sicherheit, Freiheit und Neigung, sollten in ein hochmodernes Mechanik-Lehrsystem integriert werden, um sicherzustellen, dass die Schüler ein differenziertes Verständnis der ethischen Fragen erhalten, die mit der Gestaltung und Übermittlung computergestützter Strukturen einhergehen . Darüber hinaus sind Versuche, die Sensibilität und Kompetenzverbesserung in der Nachhilfe für mechanische Innovationen zu fördern, von entscheidender Bedeutung, um sicherzustellen, dass die Schüler auf die rätselhaften Herausforderungen und Chancen der Zukunft vorbereitet sind. Letztendlich verändert die Mechanik auf hohem Niveau die Vorbereitung, indem sie den Schülern attraktive und beeindruckende Chancen bietet für die Entwicklung, die kreativen Geist, eindeutiges Denken und gelassenen Einsatz fördert. Von LEGO Mindstorms-Einheiten in Grundschulen bis hin zu weltweiten mechanischen Innovationsherausforderungen in Wahlschulen und Universitäten: Die Vorbereitung auf mechanische Innovation bewegt Schüler dazu, sich auf bisher unvorstellbare Weise mit MINT-Fächern zu befassen. Während wir weiterhin die Kraft der technischen Innovation in der Ausbildung nutzen, sollten wir uns weiterhin darauf konzentrieren, umfassende Lernbedingungen zu schaffen, die alle Schüler zu etablierten Schülern und Pionieren machen, die im 21. Jahrhundert gedeihen können, um es genau zu sagen am wenigsten.der Vital Overall Test und der RoboCup Junior schließen sich Studententreffen aus der ganzen Welt an, um an mechanischen Innovationsproblemen zusammenzuarbeiten und ihre Talente auf einer Gesamtbühne zu präsentieren. Diese weltweit zusammengestellten Bemühungen fördern vielfältiges Wissen und Partnerschaft und bieten den Schülern entscheidende Möglichkeiten zur Förderung von Teilnahme, Korrespondenz und Organisationsfähigkeiten in einem multikulturellen Kontext. Darüber hinaus verbindet die Nachhilfe für mechanische Innovation die Schüler dazu, Problemlöser zu werden und ihre Organisationen zu verbessern, indem sie ihr Wissen und ihre Kenntnisse anwenden Fähigkeiten, echte Probleme und Probleme zu erkennen. Beispielsweise fordern mechanische Innovationsprojekte, deren Schwerpunkt auf regelmäßiger Absicherung, Fehlerreaktion und klinischer Betrachtung liegt, Studierende dazu, fortschrittliche mechanische Entwicklung in gesellschaftliche Herausforderungen einzubeziehen und einen wertvollen Nutzen für ihre Unternehmen zu erzielen. Durch die Teilnahme an Lernprojekten fördern wir Mitgefühl, Mitgefühl und ein Gefühl des sozialen Engagements bei den Schülern und versetzen sie in die Lage, moralisch und mit den Bewohnern einer unwiderlegbar vernetzten Welt verbunden zu werden. Da jedoch weiterhin mechanische Innovationen geschaffen werden, ist dies von grundlegender Bedeutung Auseinandersetzung mit der Betonung der moralischen, sozialen und biologischen Folgen der Entwicklung modernster Mechanik. Diskussionen über den ethischen Einsatz mechanischer Innovationen, einschließlich Themen wie Sicherheit, Freiheit und Neigung, sollten in ein hochmodernes Mechanik-Lehrsystem integriert werden, um sicherzustellen, dass die Schüler ein differenziertes Verständnis der ethischen Fragen erhalten, die mit der Gestaltung und Übermittlung computergestützter Strukturen einhergehen . Darüber hinaus sind Versuche, die Sensibilität und Kompetenzverbesserung in der Nachhilfe für mechanische Innovationen zu fördern, von entscheidender Bedeutung, um sicherzustellen, dass die Schüler auf die rätselhaften Herausforderungen und Chancen der Zukunft vorbereitet sind. Letztendlich verändert die

Mechanik auf hohem Niveau die Vorbereitung, indem sie den Schülern attraktive und beeindruckende Chancen bietet für eine Entwicklung, die kreative Köpfe, eindeutiges Denken und gelassenes Handeln fördert. Von LEGO Mindstorms-Einheiten in Grundschulen bis hin zu weltweiten mechanischen Innovationsherausforderungen in Wahlschulen und Universitäten: Die Vorbereitung auf mechanische Innovation bewegt Schüler dazu, sich auf bisher unvorstellbare Weise mit MINT-Fächern zu befassen. Während wir weiterhin die Kraft der technischen Innovation in der Ausbildung nutzen, sollten wir uns weiterhin darauf konzentrieren, umfassende Lernbedingungen zu schaffen, die alle Schüler zu etablierten Schülern und Pionieren machen, die im 21. Jahrhundert gedeihen können, um es genau zu sagen am wenigsten.Nachhilfe im Bereich mechanische Innovation bringt Studierende dazu, Probleme zu lösen und ihre Organisationen zu verbessern, indem sie ihr Verständnis und ihre Fähigkeiten einsetzen, um echte Probleme und Probleme zu erkennen. Beispielsweise fordern mechanische Innovationsprojekte, deren Schwerpunkt auf regelmäßiger Absicherung, Fehlerreaktion und klinischer Betrachtung liegt, Studierende dazu, fortschrittliche mechanische Entwicklung in gesellschaftliche Herausforderungen einzubeziehen und einen wertvollen Nutzen für ihre Unternehmen zu erzielen. Durch die Teilnahme an Lernprojekten fördern wir Mitgefühl, Mitgefühl und ein Gefühl des sozialen Engagements bei den Schülern und versetzen sie in die Lage, moralisch und mit den Bewohnern einer unwiderlegbar vernetzten Welt verbunden zu werden. Da jedoch weiterhin mechanische Innovationen geschaffen werden, ist dies von grundlegender Bedeutung Auseinandersetzung mit der Betonung der moralischen, sozialen und biologischen Folgen der Entwicklung modernster Mechanik. Diskussionen über den ethischen Einsatz mechanischer Innovationen, einschließlich Themen wie Sicherheit, Freiheit und Neigung, sollten in ein hochmodernes Mechanik-Lehrsystem integriert werden, um sicherzustellen, dass die Schüler ein differenziertes Verständnis der ethischen Fragen erhalten, die mit der Gestaltung und Übermittlung computergestützter Strukturen einhergehen . Darüber hinaus sind Versuche, die Sensibilität und Kompetenzverbesserung in der Nachhilfe für mechanische Innovationen zu fördern, von entscheidender Bedeutung, um sicherzustellen, dass die Schüler auf die rätselhaften

Herausforderungen und Chancen der Zukunft vorbereitet sind. Letztendlich verändert die Mechanik auf hohem Niveau die Vorbereitung, indem sie den Schülern attraktive und beeindruckende Chancen bietet für eine Entwicklung, die kreative Köpfe, eindeutiges Denken und gelassenes Handeln fördert. Von LEGO Mindstorms-Einheiten in Grundschulen bis hin zu weltweiten mechanischen Innovationsherausforderungen in Wahlschulen und Universitäten: Die Vorbereitung auf mechanische Innovation bewegt Schüler dazu, sich auf bisher unvorstellbare Weise mit MINT-Fächern zu befassen. Während wir weiterhin die Kraft der technischen Innovation in der Ausbildung nutzen, sollten wir uns weiterhin darauf konzentrieren, umfassende Lernbedingungen zu schaffen, die alle Schüler zu etablierten Schülern und Pionieren machen, die im 21. Jahrhundert gedeihen können, um es genau zu sagen am wenigsten.Nachhilfe im Bereich mechanische Innovation bringt Studierende dazu, Probleme zu lösen und ihre Organisationen zu verbessern, indem sie ihr Verständnis und ihre Fähigkeiten einsetzen, um echte Probleme und Probleme zu erkennen. Beispielsweise fordern mechanische Innovationsprojekte, deren Schwerpunkt auf regelmäßiger Absicherung, Fehlerreaktion und klinischer Betrachtung liegt, Studierende dazu, fortschrittliche mechanische Entwicklung in gesellschaftliche Herausforderungen einzubeziehen und einen wertvollen Nutzen für ihre Unternehmen zu erzielen. Durch die Teilnahme an Lernprojekten fördern wir Mitgefühl, Mitgefühl und ein Gefühl des sozialen Engagements bei den Schülern und versetzen sie in die Lage, moralisch und mit den Bewohnern einer unwiderlegbar vernetzten Welt verbunden zu werden. Da jedoch weiterhin mechanische Innovationen geschaffen werden, ist dies von grundlegender Bedeutung Auseinandersetzung mit der Betonung der moralischen, sozialen und biologischen Folgen der Entwicklung modernster Mechanik. Diskussionen über den ethischen Einsatz mechanischer Innovationen, einschließlich Themen wie Sicherheit, Freiheit und Neigung, sollten in ein hochmodernes Mechanik-Lehrsystem integriert werden, um sicherzustellen, dass die Schüler ein differenziertes Verständnis der ethischen Fragen erhalten, die mit der Gestaltung und Übermittlung computergestützter Strukturen einhergehen . Darüber hinaus sind Versuche, die Sensibilität und Kompetenzverbesserung in der Nachhilfe für mechanische Innovationen zu fördern, von entscheidender Bedeutung, um sicherzustellen, dass die Schüler auf die rätselhaften Herausforderungen und Chancen der Zukunft vorbereitet sind. Letztendlich verändert die Mechanik auf hohem Niveau die Vorbereitung, indem sie den Schülern attraktive und beeindruckende Chancen bietet für eine Entwicklung, die kreative Köpfe, eindeutiges Denken und gelassenes Handeln fördert. Von LEGO Mindstorms-Einheiten in Grundschulen bis hin zu weltweiten mechanischen Innovationsherausforderungen in Wahlschulen und Universitäten: Die Vorbereitung auf mechanische Innovation bewegt Schüler dazu, sich auf bisher unvorstellbare Weise mit MINT-Fächern zu befassen. Während wir weiterhin die Kraft der technischen Innovation in der Ausbildung nutzen, sollten wir uns weiterhin darauf konzentrieren, umfassende Lernbedingungen zu schaffen, die alle Schüler zu etablierten Schülern und Pionieren machen, die im 21. Jahrhundert gedeihen können, um es genau zu sagen am wenigsten.einschließlich Themen wie Sicherheit, Freiheit und Neigung, sollten in ein hochmodernes Lehrsystem für Mechanik integriert werden, um sicherzustellen, dass die Schüler ein differenziertes Verständnis der ethischen Prüfungen erhalten, die mit der

Gestaltung und Übermittlung computergestützter Strukturen einhergehen. Darüber hinaus sind Versuche, die Sensibilität und Kompetenzverbesserung in der Nachhilfe für mechanische Innovationen zu fördern, von entscheidender Bedeutung, um sicherzustellen, dass die Schüler auf die rätselhaften Herausforderungen und Chancen der Zukunft vorbereitet sind. Letztendlich verändert die Mechanik auf hohem Niveau die Vorbereitung, indem sie den Schülern attraktive und beeindruckende Chancen bietet für eine Entwicklung, die kreative Köpfe, eindeutiges Denken und gelassenes Handeln fördert. Von LEGO Mindstorms-Einheiten in Grundschulen bis hin zu weltweiten mechanischen Innovationsherausforderungen in Wahlschulen und Universitäten: Die Vorbereitung auf mechanische Innovation bewegt Schüler dazu, sich auf bisher unvorstellbare Weise mit MINT-Fächern zu befassen. Während wir weiterhin die Kraft der technischen Innovation in der Ausbildung nutzen, sollten wir uns weiterhin darauf konzentrieren, umfassende Lernbedingungen zu schaffen, die alle Schüler zu etablierten Schülern und Pionieren machen, die im 21. Jahrhundert gedeihen können, um es genau zu sagen am wenigsten.einschließlich

Themen wie Sicherheit, Freiheit und Neigung, sollten in ein hochmodernes Lehrsystem für Mechanik integriert werden, um sicherzustellen, dass die Schüler ein differenziertes Verständnis der ethischen Prüfungen erhalten, die mit der Gestaltung und Übermittlung computergestützter Strukturen einhergehen. Darüber hinaus sind Versuche, die Sensibilität und Kompetenzverbesserung in der Nachhilfe für mechanische Innovationen zu fördern, von entscheidender Bedeutung, um sicherzustellen, dass die Schüler auf die rätselhaften Herausforderungen und Chancen der Zukunft vorbereitet sind. Letztendlich verändert die Mechanik auf hohem Niveau die Vorbereitung, indem sie den Schülern attraktive und beeindruckende Chancen bietet für eine Entwicklung, die kreative Köpfe, eindeutiges Denken und gelassenes Handeln fördert. Von LEGO Mindstorms-Einheiten in Grundschulen bis hin zu weltweiten mechanischen Innovationsherausforderungen in Wahlschulen und Universitäten: Die Vorbereitung auf mechanische Innovation bewegt Schüler dazu, sich auf bisher unvorstellbare Weise mit MINT-Fächern zu befassen. Während wir weiterhin die Kraft der technischen Innovation in der Ausbildung nutzen, sollten wir uns weiterhin darauf konzentrieren, umfassende Lernbedingungen zu schaffen, die alle Schüler zu etablierten Schülern und Pionieren machen, die im 21. Jahrhundert gedeihen können, um es genau zu sagen am wenigsten.

Koordinierung mechanischer Technologie in das MINT-Bildungsprogramm

Die technische Entwicklung im MINT-Bereich (Wissenschaft, Entwicklung, Lernen und Lernen) ist darauf ausgerichtet, Schüler mit den Endpunkten zusammenzubringen, die sie für die allgemeine Welt benötigen. Wir sollten uns ansehen, wie Verbesserungen das MINT-Lernen stärken können: Online-Standard-Lernbedingungen: Diese Phasen belohnen Studierende, die zur Zufriedenheit herangezogen werden. Sie können an Nachstellungen, Tests und verpflichtenden Übungen im Zusammenhang mit mechanischen Gutachten teilnehmen. Online-Instrumente können schnelle Daten liefern und sich an die individuellen Fahrgrundlagen anpassen. Umleitung: Augmentationen sind zentrale Hilfsmittel zur Darstellung mechanischer Regeln. Studierende können unter verschiedenen Bedingungen unterschiedliche Dinge tun, Ergebnisse erzielen und sinnvolle Erfahrungen sammeln. Wenn Sie beispielsweise mechanische Pläne nachbilden oder virtuelle Modelle entwerfen, können Sie deren Verständnis sicherstellen. Erweiterte Realität (AR): AR überlagert diese starke Realität mit erweiterten Daten. In einem mechanischen Umfeld kann AR Schülern dabei helfen, sich komplexe Pläne wie Motoren oder Materialstrukturen vorzustellen. Stellen Sie sich vor, dass Studenten eine AR-Brille tragen und während eines Modells alltägliche 3D-Modelle mechanischer Teile sehen. PC-made Reality (VR): VR zerhackt Schüler in einem vom PC vermittelten Klima. Bei der mechanischen Steuerung kann VR die Herstellung von Werkshallen nachbilden, Verbesserungspläne moderieren oder viel Platz schaffen. Studenten können Ausrüstung, Forschungsthemen und Übungsunterstützungsversuche in einer kontrollierten, kontrollierten Umgebung sehen. Elektronisches Spielen: Gamification kann das Erlernen mechanischer Bewertungen unbestreitbar machen. Aufschlussreiche Spiele können Schüler dazu veranlassen, sich mit Koordinationsproblemen, der Konstruktion von Strukturen oder der Weiterentwicklung mechanischer Systeme zu befassen. Durch die Organisation der Spielmechanik können Lehrer die Realität und Inspiration im Auge behalten.

Kapitel 7: Unabhängige Fahrzeuge: Auf dem Weg in eine fahrerlose Zukunft

In letzter Zeit sind unabhängige Fahrzeuge eine bahnbrechende Innovation geworden, die die Art und Weise, wie wir reisen, fahren und Produkte transportieren, grundlegend verändern kann. Von selbstfahrenden Fahrzeugen und Lastkraftwagen bis hin zu unabhängigen Robotern und Transportrobotern verändert der Aufstieg unabhängiger Fahrzeuge das Schicksal des Transports und der Vielseitigkeit. In diesem Teil werden wir die Wendung der Ereignisse, Schwierigkeiten und Auswirkungen unabhängiger Fahrzeuge auf dem Weg in eine fahrerlose Zukunft untersuchen.

An der Spitze der unabhängigen Fahrzeuginnovation stehen selbstfahrende Fahrzeuge, die eine Mischung aus Sensoren, Kameras, Radar und künstlichen Bewusstseinsberechnungen nutzen, um Straßen und Verkehr ohne menschliches Eingreifen zu erkunden. Organisationen wie Tesla, Waymo und Journey sind Vorreiter bei der Entwicklung und Erprobung unabhängiger Fahrsysteme, die dafür sorgen, dass die Straßen sicherer werden, Staus vermieden werden und die Mobilität für Menschen jeden Alters und jeder Leistungsfähigkeit verbessert wird. Diese selbstfahrenden Fahrzeuge können den städtischen Transport verändern, indem sie auf Anfrage Vielseitigkeitsvorteile und gemeinsam genutzte unabhängige Fahrzeugarmadas ermöglichen, die den öffentlichen Verkehr ergänzen und die Abhängigkeit von vertraulichen Fahrzeugbesitz verringern. Darüber hinaus sind unabhängige Fahrzeuge bereit, die koordinierten Faktoren und die Transportbranche durch vollständige Ermächtigung zu verändern Unabhängige Lastkraftwagen und Transportfahrzeuge, die Tag für Tag arbeiten können, ohne dass menschliche Fahrer erforderlich sind. Unternehmen wie Leave, TuSimple und Amazon schaffen unabhängige Versandvereinbarungen, die eine höhere Effizienz gewährleisten, die Kosten senken und die Sicherheit beim Gütertransport über lange Strecken steigern. Durch die Robotisierung routinemäßiger Aufgaben, beispielsweise des Fahrens und der Routenplanung, können unabhängige Lastkraftwagen die geplanten Abläufe im Produktionsnetzwerk verändern und die Art und Weise verändern, wie Waren im Land und rund um die Welt versandt und transportiert werden. Darüber hinaus entwickeln sich unabhängige Fahrzeuge über den herkömmlichen Straßentransport hinaus und integrieren automatisierte Luftfahrtsysteme Fahrzeuge (UAVs) und Drohnen, die selbstständig den Luftraum erkunden und Arbeitskräfte und Produkte in abgelegene oder nicht verfügbare Regionen befördern können. Unternehmen wie Amazon Prime Air und Google Wing entwickeln unabhängige Systeme für den Transport von Robotern, die geplante Abläufe auf der letzten Meile verbessern und einen schnelleren und effektiveren Transport von Paketen, medizinischem Material und Krisenreaktionsmanagement ermöglichen. Diese unabhängigen Roboter können Projekte wie Online-Geschäfte, medizinische Dienstleistungen und Katastrophenhilfe verändern, indem sie bedürftigen Kunden und Netzwerken auf Anfrage schnelle Transporte ermöglichen. Mit der zunehmenden Integration unabhängiger Fahrzeuge in unsere Transportsysteme tauchen sie jedoch auch auf erhebliche Probleme und Schwierigkeiten im Zusammenhang mit Sicherheit, Richtlinien und Moral. Bedenken hinsichtlich der gleichbleibenden Qualität und des Wohlergehens unabhängiger Fahrsysteme, der Möglichkeit von Pannen und Auswirkungen sowie der moralischen Auswirkungen von Programmierentscheidungen sollten sorgfältig ausgeräumt werden, um sicherzustellen, dass unabhängige Fahrzeuge zuverlässig und moralisch versendet werden. Darüber hinaus sind Bemühungen zur Festlegung klarer Verwaltungsstrukturen und Richtlinien für unabhängige Fahrzeugtests und -organisation von grundlegender Bedeutung, um das Vertrauen der Öffentlichkeit in diese aufstrebende Technologie zu gewährleisten. Darüber hinaus sind unabhängige Fahrzeuge auf unseren Straßen und in unserem Himmel immer häufiger anzutreffen.Sie können Großstädte neu gestalten und die Art und Weise verändern, wie wir städtische Gemeinschaften planen und planen. Unabhängige Fahrzeuge könnten zu Veränderungen in der Landnutzung, den Verkehrsbedingungen und den Transportorganisationen führen, da sich städtische Gebiete anpassen, um neue Wege der Vielseitigkeit zu erzwingen und die Abhängigkeit von privatem Fahrzeugbesitz zu verringern. Darüber hinaus können unabhängige Fahrzeuge den Zugang zu Transportmitteln für unterversorgte Netzwerke weiter verbessern, die Emission ozonschädigender Substanzen verringern und neue Türen für finanzielle Wende und soziale Gerechtigkeit öffnen. Letztlich treiben uns unabhängige Fahrzeuge in eine Zukunft, in der der Transport von Bedeutung ist ist sicherer, kompetenter und offener für alle. Von selbstfahrenden Fahrzeugen und

Lastkraftwagen bis hin zu unabhängigen Robotern und Transportrobotern verändert der Aufstieg unabhängiger Fahrzeuge die Art und Weise, wie wir Waren und Personen transportieren, und bietet neue offene Türen für Entwicklung und Aufruhr im Transportgeschäft. Während wir den Weg in eine fahrerlose Zukunft weiter erkunden, sollten wir uns der wertvollen offenen Türen und Schwierigkeiten bewusst sein, die unabhängige Fahrzeuge mit sich bringen, und zusammenarbeiten, um sicherzustellen, dass diese außergewöhnliche Innovation der Gesellschaft als Ganzes zugute kommt. Darüber hinaus bleiben unabhängige Fahrzeuginnovationen bestehen Im Hinblick auf den Antrieb besteht ein wachsendes Interesse an der Untersuchung seiner erwarteten Anwendungen in verschiedenen Bereichen über den Transport hinaus, einschließlich Landwirtschaft, Entwicklung und öffentliche Sicherheit. Unabhängige Roboter und Roboter, ausgestattet mit Sensoren und Berechnungen der künstlichen Intelligenz, werden eingesetzt, um Ernten zu überprüfen, Fundamente zu bewerten und auf Krisen in abgelegenen oder gefährlichen Situationen zu reagieren. Diese unabhängigen Frameworks bieten neue Möglichkeiten zur Effizienzsteigerung, Kostensenkung und Weiterentwicklung der

Sicherheit in einer Vielzahl von Branchen. Darüber hinaus können unabhängige Fahrzeuge die Art und Weise verändern, wie wir über Mobilität und Verfügbarkeit für Menschen mit Behinderungen und Vielseitigkeitsproblemen nachdenken. Selbstfahrende Fahrzeuge und unabhängige Transportmittel, die mit rollstuhlgerechten Funktionen und unterstützenden Fortschritten ausgestattet sind, bieten Menschen mit Behinderungen zusätzliche Möglichkeiten für autonomes Reisen und lokale Vereinbarkeit. Durch die Bereitstellung von Haus-zu-Haus-Beförderungsdiensten auf Anfrage können unabhängige Fahrzeuge die persönliche Zufriedenheit und soziale Rücksichtnahme von Personen mit Mobilitätseinschränkungen steigern. Darüber hinaus schaffen sie mit der zunehmenden Verbreitung unabhängiger Fahrzeuge auf unseren Straßen und in unseren städtischen Gemeinden einen Mehrwert Riesige Mengen an Informationen, die zur Weiterentwicklung von Verkehrsrahmen und zur Vorbereitung von Metropolen genutzt werden können.Sie verringern die Emission ozonschädigender Substanzen und öffnen neue Türen für finanzielle Wende und soziale Gerechtigkeit. Letztlich führen uns unabhängige Fahrzeuge in eine Zukunft, in der der Transport sicherer, leistungsfähiger und offener für alle ist.

Von selbstfahrenden Fahrzeugen und Lastkraftwagen bis hin zu unabhängigen Robotern und Transportrobotern verändert der Aufstieg unabhängiger Fahrzeuge die Art und Weise, wie wir Waren und Personen transportieren, und bietet neue offene Türen für Entwicklung und Aufruhr im Transportgeschäft. Während wir den Weg in eine fahrerlose Zukunft weiter erkunden, sollten wir uns der wertvollen offenen Türen und Schwierigkeiten bewusst sein, die unabhängige Fahrzeuge mit sich bringen, und zusammenarbeiten, um sicherzustellen, dass diese außergewöhnliche Innovation der Gesellschaft als Ganzes zugute kommt. Darüber hinaus bleiben unabhängige Fahrzeuginnovationen bestehen Im Hinblick auf den Antrieb besteht ein wachsendes Interesse an der Untersuchung seiner erwarteten Anwendungen in verschiedenen Bereichen über den Transport hinaus, einschließlich Landwirtschaft, Entwicklung und öffentliche Sicherheit. Unabhängige Roboter und Roboter, ausgestattet mit Sensoren und Berechnungen der künstlichen Intelligenz, werden eingesetzt, um Ernten zu überprüfen, Fundamente zu bewerten und auf Krisen in abgelegenen oder gefährlichen Situationen zu reagieren. Diese unabhängigen Frameworks bieten neue Möglichkeiten zur Effizienzsteigerung,

Kostensenkung und Weiterentwicklung der Sicherheit in einer Vielzahl von Branchen. Darüber hinaus können unabhängige Fahrzeuge die Art und Weise verändern, wie wir über Mobilität und Verfügbarkeit für Menschen mit Behinderungen und Vielseitigkeitsproblemen nachdenken. Selbstfahrende Fahrzeuge und unabhängige Transportmittel, die mit rollstuhlgerechten Funktionen und unterstützenden Fortschritten ausgestattet sind, bieten Menschen mit Behinderungen zusätzliche Möglichkeiten für autonomes Reisen und lokale Vereinbarkeit. Durch die Bereitstellung von Haus-zu-Haus-Transportdiensten auf Anfrage können unabhängige Fahrzeuge die persönliche Zufriedenheit und soziale Rücksichtnahme von Menschen mit Mobilitätseinschränkungen steigern. Darüber hinaus entstehen mit der zunehmenden Verbreitung unabhängiger Fahrzeuge auf unseren Straßen und in unseren städtischen Gemeinden auch immer mehr Unternehmen Riesige Mengen an Informationen, die zur Weiterentwicklung von Verkehrsrahmen und zur Vorbereitung von Metropolen genutzt werden können.Sie verringern die Emission ozonschädigender Substanzen und öffnen neue Türen für finanzielle Wende und soziale Gerechtigkeit. Letztlich führen uns unabhängige Fahrzeuge in eine Zukunft, in der der Transport sicherer, leistungsfähiger und offener für alle ist. Von selbstfahrenden Fahrzeugen und Lastkraftwagen bis hin zu unabhängigen Robotern und Transportrobotern verändert der Aufstieg unabhängiger Fahrzeuge die Art und Weise, wie wir Waren und Personen transportieren, und bietet neue offene Türen für Entwicklung und Aufruhr im Transportgeschäft. Während wir den Weg in eine fahrerlose Zukunft weiter erkunden, sollten wir uns der wertvollen offenen Türen und Schwierigkeiten bewusst sein, die unabhängige Fahrzeuge mit sich bringen, und zusammenarbeiten, um sicherzustellen, dass diese außergewöhnliche Innovation der Gesellschaft als Ganzes zugute kommt. Darüber hinaus bleiben unabhängige Fahrzeuginnovationen bestehen Im Hinblick auf den Antrieb besteht ein wachsendes Interesse an der Untersuchung seiner erwarteten Anwendungen in verschiedenen Bereichen über den Transport hinaus, einschließlich Landwirtschaft, Entwicklung und öffentliche Sicherheit. Unabhängige Roboter und Roboter, ausgestattet mit Sensoren und Berechnungen der künstlichen Intelligenz, werden eingesetzt, um Ernten zu überprüfen, Fundamente zu bewerten und auf Krisen in abgelegenen oder gefährlichen Situationen zu reagieren. Diese unabhängigen Frameworks bieten neue

Möglichkeiten zur Effizienzsteigerung, Kostensenkung und Weiterentwicklung der Sicherheit in einer Vielzahl von Branchen. Darüber hinaus können unabhängige Fahrzeuge die Art und Weise verändern, wie wir über Mobilität und Verfügbarkeit für Menschen mit Behinderungen und Vielseitigkeitsproblemen nachdenken. Selbstfahrende Fahrzeuge und unabhängige Transportmittel, die mit rollstuhlgerechten Funktionen und unterstützenden Fortschritten ausgestattet sind, bieten Menschen mit Behinderungen zusätzliche Möglichkeiten für autonomes Reisen und lokale Vereinbarkeit. Durch die Bereitstellung von Haus-zu-Haus-Transportdiensten auf Anfrage können unabhängige Fahrzeuge die persönliche Zufriedenheit und soziale Rücksichtnahme von Menschen mit Mobilitätseinschränkungen steigern. Darüber hinaus entstehen mit der zunehmenden Verbreitung unabhängiger Fahrzeuge auf unseren Straßen und in unseren städtischen Gemeinden auch immer mehr Unternehmen Riesige Mengen an Informationen, die zur Weiterentwicklung von Verkehrsrahmen und zur Vorbereitung von Metropolen genutzt werden können.Da die Innovation unabhängiger Fahrzeuge immer weiter voranschreitet, wächst das Interesse an der Untersuchung ihrer erwarteten Anwendungen in verschiedenen

Bereichen über den Transport hinaus, einschließlich Landwirtschaft, Entwicklung und öffentliche Sicherheit. Unabhängige Roboter und Roboter, ausgestattet mit Sensoren und Berechnungen der künstlichen Intelligenz, werden eingesetzt, um Ernten zu überprüfen, Fundamente zu bewerten und auf Krisen in abgelegenen oder gefährlichen Situationen zu reagieren. Diese unabhängigen Frameworks bieten neue Möglichkeiten zur Effizienzsteigerung, Kostensenkung und Weiterentwicklung der Sicherheit in einer Vielzahl von Branchen. Darüber hinaus können unabhängige Fahrzeuge die Art und Weise verändern, wie wir über Mobilität und Verfügbarkeit für Menschen mit Behinderungen und Vielseitigkeitsproblemen nachdenken. Selbstfahrende Fahrzeuge und unabhängige Transportmittel, die mit rollstuhlgerechten Funktionen und unterstützenden Fortschritten ausgestattet sind, bieten Menschen mit Behinderungen zusätzliche Möglichkeiten für autonomes Reisen und lokale Vereinbarkeit. Durch die Bereitstellung von Haus-zu-Haus-Beförderungsdiensten auf Anfrage können unabhängige Fahrzeuge die persönliche Zufriedenheit und soziale Rücksichtnahme von Personen mit Mobilitätseinschränkungen steigern. Darüber hinaus schaffen sie mit der zunehmenden Verbreitung unabhängiger Fahrzeuge auf unseren Straßen und in unseren städtischen Gemeinden einen Mehrwert Riesige Mengen an Informationen, die zur Weiterentwicklung von Verkehrsrahmen und zur Vorbereitung von Metropolen genutzt werden können.Da die Innovation unabhängiger Fahrzeuge immer weiter voranschreitet, wächst das Interesse an der Untersuchung ihrer erwarteten Anwendungen in verschiedenen Bereichen über den Transport hinaus, einschließlich Landwirtschaft, Entwicklung und öffentliche Sicherheit. Unabhängige Roboter und Roboter, ausgestattet mit Sensoren und Berechnungen der künstlichen Intelligenz, werden eingesetzt, um Ernten zu überprüfen, Fundamente zu bewerten und auf Krisen in abgelegenen oder gefährlichen Situationen zu reagieren. Diese unabhängigen Frameworks bieten neue Möglichkeiten zur Effizienzsteigerung, Kostensenkung und Weiterentwicklung der Sicherheit in einer Vielzahl von Branchen. Darüber hinaus können unabhängige Fahrzeuge die Art und Weise verändern, wie wir über Mobilität und Verfügbarkeit für Menschen mit Behinderungen und Vielseitigkeitsproblemen nachdenken. Selbstfahrende Fahrzeuge und unabhängige Transportmittel, die mit rollstuhlgerechten

Funktionen und unterstützenden Fortschritten ausgestattet sind, bieten Menschen mit Behinderungen zusätzliche Möglichkeiten für autonomes Reisen und lokale Vereinbarkeit. Durch die Bereitstellung von Haus-zu-Haus-Transportdiensten auf Anfrage können unabhängige Fahrzeuge die persönliche Zufriedenheit und soziale Rücksichtnahme von Menschen mit Mobilitätseinschränkungen steigern. Darüber hinaus entstehen mit der zunehmenden Verbreitung unabhängiger Fahrzeuge auf unseren Straßen und in unseren städtischen Gemeinden auch immer mehr Unternehmen Riesige Mengen an Informationen, die zur Weiterentwicklung von Verkehrsrahmen und zur Vorbereitung von Metropolen genutzt werden können.

Durch die Untersuchung der von Sensoren, Kameras und anderen Quellen gesammelten Informationen können Verkehrsorganisatoren und politische Entscheidungsträger Erfahrungen mit Verkehrskonzepten, Sperrgebieten und Reiseverhalten sammeln und so zu fundierten Schlussfolgerungen über Rahmenvorhaben und Verkehrsansätze gelangen. Darüber hinaus können unabhängige Fahrzeuge miteinander und mit intelligenten Grundgerüsten kommunizieren, um den Verkehrsfluss zu verbessern, Pannen zu reduzieren und die Transporteffizienz im Großen und Ganzen zu verbessern. Aber auch bei jeder problematischen Innovation bereitet die allgemeine Akzeptanz unabhängiger Fahrzeuge zusätzliche Schwierigkeiten und potenzielle Gefahren, die beachtet werden sollten. Bedenken hinsichtlich der Netzwerksicherheit, des Netzwerkschutzes und der Informationssicherheit sollten ausgeräumt werden, um die Vertrauenswürdigkeit und Sicherheit unabhängiger Fahrzeug-Frameworks und der von ihnen erstellten Informationen zu gewährleisten. Darüber hinaus könnte der Fortschritt hin zu unabhängigen Fahrzeugen Auswirkungen auf die Geschäfts- und Arbeitsmärkte haben, insbesondere für Arbeitnehmer in Unternehmen wie Transport und koordinierten Abläufen, die durch Automatisierung entwurzelt werden könnten. Darüber hinaus müssen moralische Überlegungen im Zusammenhang mit dynamischen Berechnungen und moralischen Problemen sorgfältig durchgeführt werden Es wird davon ausgegangen, dass unabhängige Fahrzeuge sich unter allen Umständen auf die Sicherheit und den Wohlstand der Menschen konzentrieren. Fragen zu Risiko und Verantwortung im Falle von Pannen oder

Enttäuschungen unabhängiger Fahrzeugstrukturen sollten ebenfalls beantwortet werden, um sicherzustellen, dass geeignete legitime Systeme eingerichtet werden, um die Privilegien und Interessen aller beteiligten Parteien zu schützen. Letztendlich treiben uns unabhängige Fahrzeuge in Richtung eines Zukunft, in der der Transport sicherer, produktiver und offener für alle ist. Von selbstfahrenden Fahrzeugen und Lastkraftwagen bis hin zu unabhängigen Robotern und Transportrobotern verändert der Aufstieg unabhängiger Fahrzeuge die Art und Weise, wie wir Waren und Personen transportieren, und bietet neue offene Türen für Fortschritt und Aufruhr im Transportgeschäft. Während wir den Weg in eine fahrerlose Zukunft weiter erkunden, sollten wir uns der potenziellen offenen Türen und Schwierigkeiten bewusst sein, die unabhängige Fahrzeuge mit sich bringen, und zusammenarbeiten, um sicherzustellen, dass diese außergewöhnliche Innovation der Gesellschaft im Allgemeinen zugute kommt.

Mit KI-gestützten Fahrzeugen durch die Straßen navigieren

Der Fortschritt des vom Menschen geschaffenen Bewusstseins (der von Menschen geschaffenen Intelligenz) bei der Weiterentwicklung unabhängiger Fahrzeuge hat unsere Vorstellung von Transportmitteln verändert. Wie wäre es, wenn wir untersuchen, wie künstliche Intelligenz das zukünftige Schicksal selbstfahrender Fahrzeuge prägt und Straßen sicherer und produktiver macht? Menschenähnliches Denken für eine unabhängige Route: MIT-Spezialisten haben ein Framework entwickelt, das es fahrerlosen Fahrzeugen ermöglicht, neue, komplexe Bedingungen zu erkunden, indem sie nur einfache Leitfäden und visuelle Informationen nutzen.

Menschliche Fahrer sind bei der Erkundung neuer Straßen auf ihre Wahrnehmung und grundlegende Geräte angewiesen. Sie gleichen das, was sie um sich herum sehen, mit GPS-Daten ab. Interessanterweise kämpfen selbstfahrende Fahrzeuge mit diesem grundlegenden Denken. Sie müssten zunächst neue Straßen planen und prüfen, was mühsam sei. Das MIT-Framework „meistert" Leitbeispiele menschlicher Fahrer, die eine kleine Region erkunden. Es verwendet einen Camcorder und einen unkomplizierten GPS-ähnlichen Leitfaden. Wenn es vorbereitet ist, hat das Framework eine gewisse Kontrolle über ein fahrerloses Fahrzeug entlang einer festgelegten Strecke in einer glänzenden neuen Region, indem es den menschlichen Fahrer nachahmt. Es erkennt auch Verwechslungen zwischen seinem Leitfaden und Straßenmarkierungen und ermöglicht so eine genauere Betrachtung seines Verlaufs. Anwendungen künstlicher Intelligenz in unabhängigen Fahrzeugen: Simulierte Intelligenz spielt in verschiedenen Teilen unabhängiger Fahrzeuge eine entscheidende Rolle: Urteilsvermögen: Computerbasierte Intelligenzberechnungen entschlüsseln Sensorinformationen von Kameras, Lidar, Radar und anderen Sensoren, um das Klima zu ermitteln. Richtung: Simulierte Intelligenz unterstützt Fahrzeuge bei der Verfolgung von Split-Folge-Optionen unter Berücksichtigung von Sensoreingaben, Verkehrsbedingungen und Sicherheitsüberlegungen. Sensorkombination: Computerbasierte Intelligenz konsolidiert Informationen von verschiedenen Sensoren, um eine weitreichende Perspektive auf Umweltfaktoren zu erhalten. Planung und Begrenzung: Simulierte Intelligenz hilft bei der Erstellung und Aktualisierung von Richtlinien sowie bei der Bestimmung des genauen Standorts des Fahrzeugs. Das Ziel besteht darin, eine anspruchsvolle, unabhängige Route unter neuen Bedingungen zu bewältigen. Beispielsweise sollte ein System, das für das Fahren in einem städtischen Umfeld vorbereitet ist, problemlos üppige Regionen erkunden können, die es noch nie gesehen hat. Sicherheit und Trost: Berechnungen der künstlichen Intelligenz antizipieren die Aktivitäten anderer Straßenkunden und garantieren so eine sichere Zusammenarbeit. Selbstfahrende Fahrzeuge profitieren ständig von neuen Situationen und passen sich den veränderten Straßenverhältnissen an. Durch die Abhängigkeit von künstlicher Intelligenz erhöhen unabhängige Fahrzeuge die Sicherheit und bieten Reisenden einen angenehmen Reiseeinblick.

Kapitel 8: Fortgeschrittene Mechanik und Landwirtschaft: Entwicklung von Kompetenz und Unterstützbarkeit

In letzter Zeit hat sich die mechanische Technologie zu einem entscheidenden Treiber der Entwicklung im Gartenbau entwickelt und bietet Landwirten neue Instrumente und Fortschritte, um die Effizienz weiter zu steigern, die Arbeitskosten zu senken und natürliche Auswirkungen zu begrenzen. Von unabhängigen Arbeitsfahrzeugen und Robotern bis hin zu mechanischen Sammlern und Unkrautjätern – die Integration mechanischer Technologie in die Agrarindustrie verändert die Art und Weise, wie Erträge gepflanzt, gepflegt und geerntet werden. In diesem Abschnitt werden wir die Aufgabe der mechanischen Technologie in der Agrarindustrie untersuchen und Kompetenzen und Unterstützbarkeit im Hinblick auf das Potenzial der Lebensmittelproduktion entwickeln. An der Spitze der mechanischen Technologie im Gartenbau stehen unabhängige Fahrzeuge und Roboter, die präzise Anbaumethoden ermöglichen, beispielsweise Faktor-Anbau, gezielte Pestizidanwendung und Ertragsbeobachtung. Unabhängige Arbeitsfahrzeuge, die mit GPS und Sensoren ausgestattet sind, können Felder präzise erkunden, Saatgut aussäen und Düngemittel oder Pestizide mit idealer Präzision und Produktivität ausbringen. Darüber hinaus können mit Kameras und Sensoren ausgestattete Drohnen zielgerichtete Symbole und Informationen über Ernten, Bodenbedingungen und Feldveränderlichkeiten sammeln und es den Viehzüchtern ermöglichen, fundierte Schlussfolgerungen über das Wassersystem, die Vorbereitung und die Belästigung der Führungskräfte zu ziehen. Darüber hinaus reformieren fortschrittliche Mechaniker die Ernteeinsammlung und die Arbeitsabläufe und ermöglichen so ein schnelleres und effizienteres Ernten bei geringerem Arbeitsaufwand. Automatisierte Sammler, die mit Vision-Frameworks und mechanischen Armen ausgestattet sind, können fertige Bodenprodukte gezielt und präzise sammeln, wodurch Abfall begrenzt und der Ertrag gesteigert wird. Darüber hinaus ermöglichen mechanische Systeme zum Organisieren, Bewerten und Pressen der Erträge den Viehzüchtern, die gesammelten Produkte schnell und effizient zu verarbeiten und zu bündeln, was Unfälle nach der Ernte verringert und die Qualität und Haltbarkeit der Produkte verbessert. Darüber hinaus wird mechanische Technologie eingesetzt, um Arbeitsmängeln und steigenden Arbeitskosten im Gartenbau entgegenzuwirken, indem langweilige und wirklich anspruchsvolle Aufgaben wie Jäten, Beschneiden und Reduzieren robotisiert werden. Mechanische Unkrautvernichter, die mit Kameras und künstlichen Intelligenzberechnungen ausgestattet sind, können Unkräuter präzise unterscheiden und beseitigen, wodurch der Bedarf an zusammengesetzten Herbiziden und körperlicher Arbeit verringert wird. Im Wesentlichen können mechanische Beschneidungsgerüste Pflanzen und Bäume präzise bewirtschaften, wodurch die Schaffung natürlicher Produkte gefördert und die Arbeitskosten für Landwirte gesenkt werden. Darüber hinaus ermöglichen fortschrittliche mechanische Innovationen die Verbesserung von Indoor-Anbausystemen wie vertikalen Ranches und Tankzucht-Gärtnereien, in denen die Ernte unter kontrollierten Bedingungen unter künstlicher Beleuchtung und Umgebungskontrollsystemen eingebracht wird. Unabhängige Roboter und Transportsysteme werden verwendet, um Pflanzen im gesamten Entwicklungssystem zu bewegen und zu überwachen, von der Sämlingserzeugung bis zum Sammeln und Bündeln.

Diese Indoor-Anbausysteme bieten Vorteile wie ganzjähriges Wachstum, höhere Ernteerträge und einen geringeren Wasser- und Pestizidverbrauch im Vergleich zu herkömmlichen Freilandanbaumethoden. Da jedoch die Innovation in der fortschrittlichen Mechanik immer weiter voranschreitet, wirft sie auch erhebliche Probleme auf und Schwierigkeiten im Zusammenhang mit der Rezeption, Richtlinien und kulturellen Auswirkungen. Bedenken hinsichtlich der Kosten und der Offenheit fortschrittlicher Mechanik-Innovationen für Landwirte mit begrenztem Tätigkeitsbereich und Familienbetrieben sowie die Möglichkeit des Arbeitsabbaus in Provinznetzwerken sollten sorgfältig geprüft werden, um sicherzustellen, dass die Vorteile fortschrittlicher Mechanik in der Landwirtschaft unparteiisch verbreitet werden. Darüber hinaus sind Bemühungen, sich mit moralischen und natürlichen Überlegungen auseinanderzusetzen, wie etwa der Einsatz von Pestiziden und die Entwicklung moderner Mechanik, von grundlegender Bedeutung für die Förderung nachhaltiger und verlässlicher Anbaupraktiken. Letztlich verändert die fortschrittliche Mechanik den Gartenbau, indem sie Landwirten neue Werkzeuge und Innovationen bietet Weiterentwicklung der Effektivität, Effizienz und Handhabbarkeit bei der Lebensmittelherstellung. Von unabhängigen Fahrzeugen und Robotern für den präzisen Anbau bis hin zu automatisierten Sammlern und Indoor-Anbausystemen – die Kombination fortschrittlicher Mechanik im Gartenbau verändert die Art und Weise, wie Erträge erzielt, geerntet und erzielt werden. Während wir weiterhin die Kraft der fortschrittlichen Mechanik im Gartenbau satteln, sollten wir uns weiterhin darauf konzentrieren, umfassende und wartbare Anbaumethoden voranzutreiben, die Landwirten, Käufern und dem Klima gleichermaßen zugute kommen. Darüber hinaus wächst das Interesse an der Weiterentwicklung der fortschrittlichen Mechanik Untersuchung seiner möglichen Anwendungen zur Bewältigung weltweiter Herausforderungen der Ernährungssicherheit und Gewährleistung des Zugangs zu nahrhafter und angemessener Ernährung für alle. Durch mechanische Technologie unterstützte Systeme wie computergesteuerte vertikale Ranches,

Aquakultursysteme und Aquaponiksysteme bieten offene Türen für die ganzjährige Nahrungsmittelproduktion in Metropolregionen und peri-metropolregionalen Regionen, verringern die Abhängigkeit von traditioneller Landwirtschaft und erweitern die Vielseitigkeit von Nahrungsmitteln in der Nachbarschaft. Darüber hinaus können fortschrittliche Mechanik-Innovationen eine wichtige Rolle dabei spielen, die Effizienz und Flexibilität des ländlichen Raums trotz Umweltveränderungen zu verbessern, indem sie Landwirten die Möglichkeit geben, sich an veränderte natürliche Umstände anzupassen und die Auswirkungen extremer Klimaereignisse zu lindern. Darüber hinaus arbeitet die mechanische Technologie mit informationsgesteuerter Dynamik Gartenbau, indem es Viehzüchtern ermöglicht wird, enorme Mengen an Informationen von Sensoren, Drohnen und verschiedenen Quellen zu sammeln und zu analysieren, um die Proben der Ranch zu verbessern und die Ernteerträge weiter zu steigern. Durch den Einsatz von KI-Berechnungen und vorausschauenden Untersuchungen können Viehzüchter Erfahrungen mit dem Wohlbefinden der Pflanzen, dem Bodenreichtum und den Wetterbedingungen sammeln und so fundierte Schlussfolgerungen über Pflanzungen, Wassersysteme und die Belästigung der Führungskräfte ziehen. Außerdem,Fortgeschrittene Mechanik-Innovationen können Landwirte in die Lage versetzen, genaue Agrarwirtschaftsstrategien umzusetzen, z. B. standortspezifische Ernten durch Führungskräfte und die Anwendung variabler Raten, wodurch die Nutzung von Vermögenswerten verbessert und die ökologischen Auswirkungen begrenzt werden. Darüber hinaus treibt die mechanische Technologie den Fortschritt in der innovativen Arbeit in der Landwirtschaft voran und befähigt Forscher und Wissenschaftler Förderung neuer Erntesortimente, Aufzuchtverfahren und agronomischer Praktiken zur Weiterentwicklung der Pflanzenstärke, der Nährstoffqualität und des Ertrags. Fortschrittliche Mechanik unterstützte die Phänotypisierungsphasen beispielsweise und versetzt Wissenschaftler in die Lage, schnell eine große Anzahl von Pflanzenmerkmalen zu untersuchen und zu bewerten, was dazu beiträgt, die Ernte zu beschleunigen, da die Widerstandsfähigkeit gegenüber Trockenzeiten, die Krankheitsresistenz und die gesunde Substanz weiter verbessert werden. Darüber hinaus öffnen automatisierte Frameworks für Pflanzenreproduktion und erbliche Gestaltungsvorschläge Türen für eine genaue und gezielte Kontrolle von Pflanzengenomen, um gewünschte Qualitäten und Eigenschaften zu verbessern. Darüber hinaus fördert die Innovation im Bereich der fortgeschrittenen Mechanik die Zusammenarbeit und den Informationsaustausch zwischen Viehzüchtern, Fachleuten und Industriepartnern, beispielsweise durch Förderung von Open-Source-Bühnen für fortgeschrittene Mechanik, Produktionsräumen und kooperativen Prüfungsorganisationen. Durch den Austausch von Ressourcen, Fähigkeiten und Best Practices können Partner die Wende und den Empfang fortschrittlicher mechanischer Innovationen in der Agrarindustrie beschleunigen und normale Probleme und Hindernisse bei der Umsetzung angehen. Darüber hinaus sind Bemühungen, den Grenzaufbau und die Innovationsbewegung in der Ausbildung und

Ausbildung von fortgeschrittenen Mechanikern voranzutreiben, von grundlegender Bedeutung, um Viehzüchtern und Gartenbauexperten die Fähigkeiten und Kenntnisse zu vermitteln, die sie benötigen, um die Fähigkeiten fortgeschrittener Mechaniker in der Landwirtschaft zu satteln. Allerdings gilt das Gleiche wie bei jeder schwierigen Innovation Die weitreichende Akzeptanz fortgeschrittener Mechaniken in der Agrarindustrie birgt darüber hinaus Schwierigkeiten und potenzielle Gefahren, denen begegnet werden sollte. Bedenken hinsichtlich Informationsschutz und -sicherheit, lizenzierter Innovationsfreiheit und Verwaltungskonsistenz sollten sorgfältig berücksichtigt werden, um sicherzustellen, dass Viehzüchter und Partner geschützt sind und dass fortschrittliche Mechanik-Innovationen zuverlässig und moralisch verbreitet werden. Darüber hinaus sind Bemühungen, die fortgeschrittene Trennung anzugehen und Landwirten in Schwellenländern und unterschätzten Netzwerken einen fairen Zugang zu mechanischen Technologieinnovationen zu gewährleisten, von grundlegender Bedeutung, um eine umfassende und wirtschaftliche Entwicklung des Gartenbaus voranzutreiben. Letztendlich verändert die mechanische Technologie die Agrarindustrie, indem sie Viehzüchtern neue Geräte und Fortschritte bietet um Effizienz, Handhabbarkeit und Flexibilität bei der Lebensmittelherstellung weiterzuentwickeln. Von präzisem Anbau und informationsgesteuerter Entscheidungsfindung bis hin zu erfinderischer Erkundung und koordinierten Anstrengungen – die Einbindung mechanischer Technologie in die Agrarindustrie verändert die Art und Weise, wie wir Nutzpflanzen anbauen, ernten und überwachen. Während wir die Kraft der mechanischen Technologie weiterhin in der Agrarindustrie einsetzen,Konzentrieren wir uns weiterhin darauf, umfassende und wartungsfreundliche Anbaumethoden voranzutreiben, die Viehzüchtern, Käufern und dem Klima gleichermaßen zugute kommen.

Genauigkeitsanbau und die ländliche Transformation

Den modernen Unterschied in der Agrarwirtschaft und in öffentlichen Gebieten vorantreiben: Die Europäische Kommission für Agrarwirtschaft hat die Bedeutung bahnbrechender Veränderungen in der Landwirtschaft und in landwirtschaftlichen Gebieten hervorgehoben. Aktuelle Informations- und Korrespondenzentwicklungen (IKT) tragen wesentlich dazu bei, dass Landwirte noch sicherer, kompetenter und finanziell arbeiten können.

Diese Fortschritte arbeiten auch auf neue Weise mit Entwicklern und Kunden zusammen und bieten auffälligere Auswahlmöglichkeiten und Unkompliziertheit. Ungeachtet dessen stehen öffentliche Bezirke in Europa und Zentralasien aufgrund der fragilen Struktur, der Mäßigung, der fehlenden Betreuung, der elektronischen Kapazitäten und der Verwaltungsprobleme vor Herausforderungen, neue Fortschritte anzunehmen. Um dieses Problem anzugehen, hat das FAO-Regionalbüro für Europa und Zentralasien eine umfassende lokale Aktion ins Leben gerufen, die darauf abzielt, Forschung, Entwicklung und mechanisierte Ansätze zu organisieren. Treibende Faktoren für den ländlichen Wandel: Der natürliche Wandel erinnert an Veränderungen in der Besetzung, der Landnutzung und den Zusammenschlüssen zwischen Großstadt- und Gemeindebezirken. Zu den wichtigsten Hauptzielen gehören Naturfaktoren: Diese wirken sich auf familiäre direkte und flexible Veränderungen aus und treiben ab etwa 1980 Landbesetzungen und Landnutzungsänderungen voran. Arbeitslandwirtschaft: Der Austausch dieser Standpunkte treibt die Entwicklung städtischer Landesverbände voran. Ressourcenschwäche und geldbezogene Ausführung: Forscher haben einen einseitigen Kausalzusammenhang zwischen Ressourcenunstabilität und geldbezogener Ausführung festgestellt. Dies unterstreicht die Bedeutung der Überwachung von Ressourcen für eine sinnvolle Entwicklung. Herausforderungen des alltäglichen städtischen Wandels: Schnelle regionale Veränderungsprozesse wirken sich auf Stoffströme, Ressourcenaufgaben und das Funktionieren natürlicher Rahmenbedingungen aus. Veränderungen in der Bevölkerung, die entlang der Metropolregion des Landes verstreut ist, spielen eine entscheidende Rolle bei der Gestaltung dieser Bewegungen.

Kapitel 9: Robotik in der Katastrophenhilfe: Verbesserung der Sicherheit und Rettungseinsätze

Trotz katastrophaler Ereignisse, Pannen und Krisen hat sich die mechanische Technologie als grundlegendes Mittel zur Verbesserung der Sicherheit und Kompetenz bei Bergungs- und Katastrophenreaktionsaufgaben etabliert. Von Such- und Bergungsrobotern und automatisierten Flugfahrzeugen (UAVs) bis hin zu ferngesteuerten Fahrzeugen (ROVs) und unabhängigen Robotern – fortschrittliche Mechanikinnovationen verändern die Art und Weise, wie Krisenhelfer Schäden untersuchen, Überlebende finden und Hilfe in von Katastrophen betroffenen Regionen leisten. In diesem Abschnitt untersuchen wir die Aufgabe fortschrittlicher Mechanik bei einer Fiaskoreaktion und ihre Auswirkungen auf die Verbesserung der Sicherheit und Bergungseinsätze. An der Spitze der mechanischen Technologie bei Katastrophenreaktionen stehen Such- und Bergungsroboter, die mit Sensoren, Kameras und Korrespondenzsystemen ausgestattet sind Ermöglichen Sie ihnen, gefährliche Bedingungen zu erkunden und Überlebende zu finden, die in Trümmern, Müll oder eingestürzten Gebäuden gefangen sind. Diese Roboter können zu begrenzten Räumen, wackeligen Gebäuden und anderen Bereichen gelangen, die abgesperrt oder für menschliche Helden zu gefährlich sind. Sie sorgen so für kontinuierliche Situationsbeobachtung und verbessern die Effizienz und Angemessenheit von Such- und Bergungseinsätzen. Darüber hinaus können automatisierte Luftfahrzeuge (UAVs) eingesetzt werden. und Drohnen werden eingesetzt, um von der Katastrophe betroffene Regionen von oben zu überblicken und Flugsymbole, 3D-Planung und warme Bildinformationen bereitzustellen, um Krisenhelfern bei der Schadensüberwachung, der Unterscheidung von Gefahren und der Konzentration auf Bergungsbemühungen zu helfen. Drohnen, die mit Kameras und Sensoren mit hoher Zielgenauigkeit ausgestattet sind, können schnell und effizient große Land-, Meeres- oder Stadtgebiete überblicken und ermöglichen es den Einsatzkräften, Überlebende zu identifizieren, Fundamentschäden zu bewerten und Abflugrouten in Echtzeit zu planen. Darüber hinaus können ferngesteuerte Fahrzeuge (ROVs) eingesetzt werden) und unabhängige Unterwasserfahrzeuge (AUVs) werden in Katastrophenreaktionssituationen eingesetzt, beispielsweise bei Unglücken auf See,

Ölteppichen und Such- und Bergungsaufgaben unter Wasser. Diese untergetauchten Roboter können Unterwasserbedingungen erkunden, abgesenkte Designs untersuchen und Informationen und Tests vom Meeresboden sammeln, was wichtige Erkenntnisse über das Ausmaß von Schäden und ökologischen Auswirkungen liefert und die Entscheidungsfindung durch Krisenhelfer und Naturschutzbehörden beleuchtet. Darüber hinaus sind fortschrittliche Mechanik-Innovationen wichtig Förderung der Verbesserung automatisierter Exoskelette und tragbarer Geräte, die die Kraft, Ausdauer und Mobilität von Spezialisten verbessern, die in Notsituationen auf Abruf sind. Diese tragbaren, fortschrittlichen Mechanik-Frameworks können Feuerwehrleuten, Sanitätern und anderen Krisenkräften dabei helfen, schwere Lasten zu transportieren, unwegsames Gelände zu erkunden und anspruchsvolle Aufgaben auszuführen, das Risiko von Verletzungen und Ermüdungserscheinungen zu verringern und die Einsatzkräfte in die Lage zu versetzen, noch effektiver in schwierigen Umgebungen zu arbeiten Die mechanische Technologie arbeitet mit der Korrespondenz und Koordination zwischen Krisenhelfern und Organisationen, die automatisierte Bodenfahrzeuge (UGVs) und tragbare Roboter verwenden, die mit Korrespondenz- und Systemverwaltungskapazitäten ausgestattet sind.Diese Roboter können als tragbare Korrespondenzzentren fungieren, Nachrichten übertragen, Informationen senden und Reaktionsmaßnahmen in Regionen mit eingeschränkten oder gestörten Korrespondenzgrundlagen planen. Darüber hinaus können Roboter, die mit klinischem Material, Wasser und anderen grundlegenden Gütern ausgestattet sind, Hilfe in abgelegene oder schwer erreichbare Gebiete bringen, Überlebenden Hilfe leisten und die Belastung für zerstörte Krisendienste verringern Wirft außerdem wichtige Probleme und Schwierigkeiten im Zusammenhang mit Moral, Sicherheit und Verantwortung bei Katastrophenreaktionsaufgaben auf. Bedenken hinsichtlich der moralischen Nutzung fortschrittlicher Mechanik, einschließlich Themen wie Informationsschutz, Aufklärung und der Möglichkeit unsichtbarer Nebenwirkungen, sollten sorgfältig berücksichtigt werden, um sicherzustellen, dass Innovationen in der fortschrittlichen Mechanik in Katastrophensituationen kompetent und moralisch umgesetzt werden. Darüber hinaus sind Bemühungen, klare Regeln und

Konventionen für den Einsatz fortschrittlicher Mechanik bei der Krisenreaktion festzulegen sowie die Arbeit von Krisenhelfern vorzubereiten und einzuschränken, von grundlegender Bedeutung, um sicherzustellen, dass innovative Mechanik erfolgreich in Krisensituationen koordiniert und ergänzt wird Positive Ergebnisse für Überlebende und Netzwerke, die von Katastrophen betroffen sind. Letztlich verändern fortschrittliche Mechaniken die Reaktionen auf Katastrophen, indem sie Krisenhelfern neue Geräte und Fortschritte zur Verfügung stellen, um die Sicherheit, Kompetenz und Durchführbarkeit bei Bergungsaufgaben zu verbessern. Von Such- und Bergungsrobotern bis hin zu Unterwasserfahrzeugen und tragbaren Geräten verändern fortschrittliche Mechanikinnovationen die Art und Weise, wie wir uns auf Katastrophen vorbereiten und darauf reagieren, indem sie Leben retten und die Auswirkungen von Krisen auf Netzwerke auf der ganzen Welt lindern. Während wir weiterhin die Kraft fortschrittlicher Mechanik für die Reaktion auf Katastrophen ausrüsten, sollten wir uns weiterhin darauf konzentrieren, die moralische und verlässliche Nutzung von Innovationen voranzutreiben und sicherzustellen, dass mechanische Technologieinnovationen allen Menschen helfen, insbesondere denen, die

Katastrophen und Notfällen im Allgemeinen nicht standhalten können. Darüber hinaus als fortschrittliche Mechaniker Innovationen entwickeln sich weiter, und es besteht wachsendes Interesse an der Untersuchung ihrer wahrscheinlichen Anwendungen zur Weiterentwicklung von Fiasko-Bereitschaft und Flexibilität in schwachen Netzwerken. Auf mechanischer Technologie basierende Systeme, zum Beispiel Frühwarnsysteme, Organisationen zur Überwachung von Überschwemmungen und Systeme zur Ortung von Lawinen, bieten offene Türen für die frühzeitige Erkennung und Reaktion auf normale Gefahren und befähigen Netzwerke, proaktive Maßnahmen zu ergreifen, um das Risiko zu verringern und die Auswirkungen von Katastrophen zu mildern . Darüber hinaus können fortschrittliche mechanische Innovationen mit lokalen Katastrophenbereitschafts- und Reaktionsbemühungen zusammenarbeiten, indem sie den Bewohnern der Nachbarschaft die Informationen und Geräte zur Verfügung stellen, die sie benötigen, um tatsächlich auf Krisen zu reagieren und sich selbst und ihre Gemeinschaften zu schützen. Darüber hinausAdvanced Mechanics arbeitet mit weltweit koordinierten Anstrengungen und Zusammenarbeit an der Reaktion auf

Katastrophen durch Initiativen wie die Worldwide Mechanical Technology Rivalry for Salvage Robots (RoboCup Salvage) und die DARPA Mechanical Technology Challenge. Diese Rivalitäten vereinen Gruppen von Spezialisten, Architekten und Krisenhelfern aus der ganzen Welt, um mechanische Rahmenbedingungen für Katastrophenreaktionssituationen wie Erdbeben, heftige Brände und Atomunfälle zu schaffen und zu testen. Durch die Förderung koordinierter Anstrengungen und des Informationsaustauschs zwischen Partnern beschleunigen diese Wettbewerbe den Ablauf und die Organisation fortschrittlicher mechanischer Innovationen bei der Reaktion auf Katastrophen und tragen zu weiter entwickelten Ergebnissen für Überlebende und Netzwerke bei, die von Fiasko betroffen sind. Darüber hinaus werden fortschrittliche mechanische Innovationen in Katastrophenreaktionsvorbereitungs- und Reproduktionsaktivitäten koordiniert, um die Bereitschaft und Kapazitäten von Krisenhelfern zu verbessern. Nachstellungen der computergenerierten Realität (VR) und der erweiterten Realität (AR) ermöglichen es den Einsatzkräften, ihre Fähigkeiten in angemessenen Fiaskosituationen zu üben und zu verfeinern und an ihrer Fähigkeit zu arbeiten, komplexe Situationen erfolgreich zu erkunden, mit Kollegen zu sprechen und unter Spannung Entscheidungen zu treffen. Durch die Bereitstellung lebendiger und intuitiver Vorbereitungserfahrungen ermöglichten hochentwickelte Mechaniker Reproduktionen, Krisenhelfern dabei zu helfen, Sicherheit und Fähigkeit bei Katastrophenreaktionsaufgaben aufzubauen und schließlich an ihrer Fähigkeit zu arbeiten, auf echte Notfälle zu reagieren. Darüber hinaus ermöglichen hochentwickelte Mechanik-Innovationen die Entwicklung unabhängiger und halber -Unabhängige Rahmenbedingungen für Katastrophenreaktionen, koordinierte Faktoren und Produktionsnetzwerke der Führungskräfte. Automatisierte Bodenfahrzeuge (UGVs) und Luftfahrtroboter, die mit Frachttransportgerüsten ausgestattet sind, können grundlegende Güter wie Lebensmittel, Wasser, klinische Versorgung und sicheres Hausmaterial in von Katastrophen betroffene Regionen transportieren, selbst in abgelegene oder schwer zugängliche Gebiete. Diese mechanischen Betriebsrahmen ermöglichen eine schnelle und produktive Bereitstellung von Hilfe für Überlebende und entwurzelte Bevölkerungsgruppen, verringern die Abhängigkeit von herkömmlichen Lagerketten und arbeiten an der Praktikabilität und Angemessenheit von Katastrophenreaktionsbemühungen. Aber auch bei jeder schwierigen Innovation ist die grenzenlose Akzeptanz mechanischer Technologie gewährleistet Bei einem Fiasko birgt die Reaktion zusätzlich Schwierigkeiten und potenzielle Gefahren, denen man entgegenwirken sollte. Bedenken hinsichtlich der Interoperabilität, Normalisierung und Ähnlichkeit zwischen verschiedenen mechanischen Frameworks und Stufen sollten ausgeräumt werden, um eine konsistente Kombination und Koordination bei Debakel-Reaktionsaktivitäten mehrerer Organisationen zu gewährleisten. Darüber hinaus sind Bemühungen, sich mit moralischen und rechtmäßigen Überlegungen wie Verantwortung und Verantwortung für mechanische Aktivitäten in Katastrophensituationen auseinanderzusetzen, von grundlegender Bedeutung, um die effiziente und moralische Nutzung fortschrittlicher mechanischer Innovationen im Krisenmanagement voranzutreiben. Letztendlich sindFortgeschrittene Mechaniker verändern Katastrophenreaktionen, indem sie Krisenhelfer mit neuen Geräten und Innovationen ausstatten, um die Sicherheit, Produktivität und

Angemessenheit bei Bergungsaufgaben zu verbessern. Von Such- und Bergungsrobotern bis hin zu Strategierahmen und der Vorbereitung von Nachstellungen verändern fortschrittliche Mechanikinnovationen die Art und Weise, wie wir Katastrophen planen und darauf reagieren, retten Leben und lindern die Auswirkungen von Krisen auf Netzwerke auf der ganzen Welt. Während wir weiterhin die Macht der fortschrittlichen Mechanik in einer Fiasko-Reaktion zügeln, sollten wir uns weiterhin auf die Förderung gemeinsamer Anstrengungen, die Entwicklung und die kompetente Nutzung von Innovationen konzentrieren, um vielseitige und realisierbare Netzwerke zu schaffen, die Katastrophen und Krisen überdauern und uns von ihnen erholen können.

Einsatz von Robotern in Notsituationen

Roboter übernehmen in Krisenreaktionssituationen eine entscheidende Rolle, indem sie Bereitschaftspersonal bei der Erkundung gefährlicher Situationen unterstützen und Risiken lindern. Hier sind einige Möglichkeiten, wie Roboter in Krisensituationen transportiert werden: Such- und Bergungsaktivitäten: Roboter können Müll, instabile Strukturen und andere riskante Bereiche erkunden, um nach Katastrophen wie seismischen Erschütterungen oder Gebäudeeinstürzen nach Überlebenden zu suchen. Sie vermitteln grundlegende Flugkenntnisse und eine situative Achtsamkeit, helfen den Einsatzkräften dabei, schnell einzuschätzen, was vor sich geht, und geben Anleitung. Umgang mit unsicherem Material: Roboter können mit gefährlichen Stoffen wie giftigen Kunststoffen oder radioaktiven Materialien umgehen, was die Belastung für menschliche Einsatzkräfte verringert. Sie können in Bereiche vordringen, in denen es für Menschen riskant ist, wodurch die Möglichkeit von Verletzungen oder Unheil eingeschränkt wird. Fernerkennung und Informationssortierung: Ätherische Roboter und Bodenroboter sammeln Informationen aus Katastrophenregionen und helfen den Einsatzkräften dabei, fundierte Entscheidungen zu treffen. Sie erfassen Bilder, Aufzeichnungen und Sensorinformationen und liefern wichtige Informationen, um die Führungskräfte in Bedrängnis zu bringen. Korrespondenz und Koordination: Roboter können Korrespondenznetzwerke in Regionen mit gestörten Netzwerken aufbauen. Sie übertragen Daten zwischen Einsatzkräften und verbessern so die Koordination in Krisensituationen. Stiftungsuntersuchung und

Schadensbeurteilung: Roboter untersuchen den Zustand von Bauwerken, Spannweiten und verschiedenen Designs nach Debakeln. Sie unterscheiden zwischen Primärschäden, Verschüttungen oder anderen Gefahren und ermöglichen es den Einsatzkräften, sich auf ihre Bemühungen zu konzentrieren. Betrieb und Unterstützung: Roboter helfen bei der Koordinierung von Aufgaben, beim Transport von Materialien, klinischer Hardware und anderen wichtigen Dingen in die betroffenen Regionen. Sie lassen menschliche Helfer los, die sich auf grundlegende Aufgaben konzentrieren und sich gleichzeitig um Routineoperationen kümmern.

Kapitel 10: Die Moral der fortgeschrittenen Mechanik: Tendenz zu moralischen und sozialen Konsequenzen

Da die Innovationen in der mechanischen Technologie und der vom Menschen geschaffenen Intelligenz (computerbasierte Intelligenz) immer schneller voranschreiten, werden die Fragen nach ihren moralischen Auswirkungen immer deutlicher. Von der Sorge um Arbeitsverlagerungen und algorithmische Veranlagung bis hin zu Fragen der Sicherheit, Verantwortung und Unabhängigkeit sind die moralischen Elemente der fortgeschrittenen Mechanik verwirrend und komplex. In diesem Abschnitt werden wir die moralischen Schwierigkeiten und Probleme untersuchen, die mechanische Technologie und künstliche Intelligenz mit sich bringen, und Systeme zu deren Bewältigung untersuchen, um eine zuverlässige und moralische Wende der Ereignisse und des Sendens dieser Technologien voranzutreiben. Im Mittelpunkt der moralischen Diskussion steht Folgendes Mechanische Technologie und computerbasierte Intelligenz sind die Frage, welche Bedeutung diese Fortschritte für die menschliche Kultur und den individuellen Wohlstand haben werden.

Da die Mechanisierung die menschliche Arbeit in verschiedenen Unternehmen ersetzt, werden Sorgen über Arbeitsverlagerungen, finanzielle Ungleichheit und soziale Unruhen immer deutlicher. Darüber hinaus wirft das Potenzial simulierter Geheimdienstberechnungen, bestehende Prädispositionen und Trennungen zu verbreiten oder zu verstärken, insbesondere in Regionen, beispielsweise in der Rekrutierung, Kreditvergabe und Strafverfolgung, erhebliche Fragen hinsichtlich der Angemessenheit, Gerechtigkeit und des Nutzens der Nutzung computergestützter Methoden auf Intelligenz-Frameworks. Darüber hinaus weckt die zunehmende Einbeziehung fortschrittlicher Mechanik und künstlicher Intelligenz in den Alltag Bedenken hinsichtlich der Sicherheit, der Aufklärung und des Zerfalls der individuellen Unabhängigkeit. Da intelligente Geräte und unabhängige Frameworks riesige Mengen an individuellen Informationen sammeln und untersuchen, werden Fragen zu Einwilligung, Informationseigentum und algorithmischer Einfachheit immer wichtiger. Darüber hinaus wirft die Nutzung computergestützter, nachrichtendienstlicher Überwachungssysteme in offenen Räumen Bedenken hinsichtlich allgemeiner Freiheiten, allgemeiner Freiheiten und der Möglichkeit eines Missbrauchs oder

Missbrauchs dieser Fortschritte durch staatliche Verwaltungen und andere Akteure auf. Darüber hinaus ist die Bereitstellung unabhängiger Systeme erforderlich B. selbstfahrende Fahrzeuge, Drohnen und mechanische Waffen, wirft erhebliche moralische Fragen zu Verantwortung, Verpflichtung und der Zuweisung dynamischer Positionen an Maschinen auf. Da unabhängige Systeme kontinuierlich ohne menschliches Eingreifen Entscheidungen treffen, werden Untersuchungen zur moralischen Organisation, zum Risiko und zum Anteil der Haftung hinsichtlich der Ergebnisse ihrer Aktivitäten immer komplexer. Auch das Potenzial unabhängiger Systeme, Schäden oder unsichtbare Nebenwirkungen zu verursachen, sei es durch Ausfälle, Fehler oder vorsätzlichen Missbrauch, wirft erhebliche moralische Überlegungen über Gefahren, Sicherheit sowie den moralischen Plan und die Richtlinien künstlicher Intelligenz und mechanischer Technologiesysteme auf Während wir mit diesen moralischen Schwierigkeiten ringen, ist es von grundlegender Bedeutung, die wahrscheinlichen Vorteile fortschrittlicher Mechanik und künstlicher Intelligenz bei der Bewältigung kultureller Schwierigkeiten und der Förderung menschlicher staatlicher Hilfe zu erkennen. Von der Weiterentwicklung der medizinischen Versorgung und der Verbesserung der Offenheit für Menschen mit Behinderungen bis hin zur Bewältigung von Umweltveränderungen und der Förderung vertretbarer Ereignisse bieten mechanische Technologie und künstliche Intelligenz offene Türen für Fortschritt und Weiterentwicklung, die zur persönlichen Zufriedenheit aller Menschen beitragen können über dem Planeten.

Darüber hinaus erfordern Bemühungen, die moralischen Komponenten fortschrittlicher Mechanik und simulierter Intelligenz anzugehen, koordinierte Anstrengungen und Engagement zahlreicher Partner, darunter politische Entscheidungsträger, Analysten, Branchenpioniere und gesellschaftliche Verbände. Durch die Pflege von Diskurs, Geradlinigkeit und Verantwortung im Umgang mit Ereignissen sowie durch die Bereitstellung von Fortschritten in der mechanischen Technologie und der computergestützten Intelligenz können wir garantieren, dass diese Fortschritte mit den menschlichen Qualitäten in Einklang stehen und zum Nutzen aller beitragen. Darüber hinaus sind Bemühungen zur Förderung von Vielfalt, Integration und Wertschöpfung sowie die Nutzung mechanischer Technologie und künstlicher Intelligenz von grundlegender

Bedeutung, um Veranlagung und Trennung zu verhindern und sicherzustellen, dass diese Innovationen allen Menschen in der Gesellschaft zugute kommen. Letztendlich ist das Die moralischen Schwierigkeiten, die durch fortschrittliche Mechanik und künstliche Intelligenz entstehen, sind überwältigend und vielschichtig und erfordern sorgfältiges Nachdenken und kluge Überlegungen aller Partner. Von der Sorge um Arbeitsverlagerungen und algorithmische Veranlagung bis hin zu Fragen nach Sicherheit, Verantwortung und Unabhängigkeit sind die moralischen Elemente fortschrittlicher Mechanik und künstlicher Intelligenz für ihre Entwicklung und Organisation von grundlegender Bedeutung. Indem wir diese Herausforderungen mit Aufrichtigkeit, Geradlinigkeit und einer Garantie für menschliche Qualitäten angehen, können wir sicherstellen, dass mechanische Technologie und simulierte Intelligenzinnovationen zu einer noch besseren, unabhängigeren und wartbareren Zukunft für alle beitragen. Rahmenbedingungen für Richtlinien und Verwaltung, die dies garantieren fähige und moralische Wendung der Ereignisse, Organisation und Nutzung dieser Fortschritte. Verwaltungsbehörden und politische Entscheidungsträger spielen eine wesentliche Rolle bei der Festlegung von Regeln und Normen für das moralische Konzept und die Funktionsweise mechanischer Technologie und künstlicher Intelligenzsysteme sowie bei der Wahrung der Konsistenz und der Umsetzung von Verantwortung. Darüber hinaus sind internationale Beteiligung und Zusammenarbeit von grundlegender Bedeutung für die grenzüberschreitende Orchestrierung von Richtlinien und Standards und die Förderung weltweiter Prinzipien für die moralische Nutzung mechanischer Technologie und künstlicher Intelligenz. Darüber hinaus sollten Bemühungen zur Förderung moralischer Überlegungen in mechanischer Technologie und künstlicher Intelligenz in Schulungs- und Vorbereitungsprogramme koordiniert werden für Designer, Ingenieure und andere Experten, die an der Planung und Umsetzung dieser Fortschritte beteiligt sind. Durch die Integration von Moralschulungen in MINT-Ausbildungspläne und Expertenfortbildungsprogramme können wir garantieren, dass die künftigen Technologen mit den Informationen und Fähigkeiten ausgestattet werden, die sie benötigen, um die moralischen Feinheiten mechanischer Technologie und künstlicher Intelligenz zu erforschen und fundierte Entscheidungen zu treffen die sich auf die Unterstützung und das Wohlergehen der menschlichen Regierung konzentrieren. Darüber hinausDie Förderung der Achtsamkeit und des Engagements der Öffentlichkeit gegenüber den moralischen Auswirkungen mechanischer Technologie und künstlicher Intelligenz ist von grundlegender Bedeutung für den Aufbau von Vertrauen und die Förderung einer kompetenten Verwaltung dieser Innovationen. Öffentlicher Austausch, Bürgerinteresse und Partnerengagement können dazu beitragen, Fragen zu den erwarteten Gefahren und Vorteilen mechanischer Technologie und simulierter Intelligenz ans Licht zu bringen, und es Menschen und Netzwerken ermöglichen, sich für die moralische und verantwortungsvolle Nutzung dieser Innovationen einzusetzen. Darüber hinaus können Bemühungen, die Geradlinigkeit und Offenheit bei der Entwicklung mechanischer Technologie und künstlicher Intelligenz zu fördern, dazu beitragen, das Vertrauen der Öffentlichkeit in diese Technologien aufzubauen. Darüber hinaus sind interdisziplinäre Forschung und gemeinsame Anstrengungen von grundlegender Bedeutung, um das Verständnis für die Interpretation der Moral zu fördern Komponenten der mechanischen Technologie und der vom Menschen geschaffenen Intelligenz und schaffen Verfahren zur Lösung moralischer Schwierigkeiten und Probleme. Indem wir

Spezialisten aus verschiedenen Bereichen wie Denkweise, Moral, Regulierung, Sozialwissenschaften und Softwareentwicklung vereinen, können wir einen interdisziplinären Diskurs und koordinierte Bemühungen fördern, die unsere Interpretation der moralischen Auswirkungen mechanischer Technologie und künstlicher Intelligenz verbessern und moralisch beleuchten unabhängige Richtungs- und Strategieentwicklung. Letztendlich erfordert die Auseinandersetzung mit den moralischen Auswirkungen fortschrittlicher Mechanik und simulierter Intelligenz einen umfassenden und vielschichtigen Ansatz, der innovative Weiterentwicklung, administrative Aufsicht, Anleitung und Vorbereitung, öffentliches Engagement und interdisziplinäre Erkundung umfasst. Indem wir zusammenarbeiten, um die moralischen Schwierigkeiten und Zwänge anzugehen, die mechanische Technologie und künstliche Intelligenz mit sich bringen, können wir garantieren, dass diese Fortschritte zu einer noch gerechteren und vernünftigeren Zukunft für alle beitragen. Letztendlich werden die moralischen Auswirkungen fortschrittlicher Mechanik und künstlicher Intelligenz berücksichtigt Intelligenz ist bedeutsam und umfassend und befasst sich mit grundlegenden Fragen zu menschlichen Qualitäten, Freiheiten und Pflichten in einer unbestreitbar robotisierten und vernetzten Welt. Indem wir diese Herausforderungen mit Vertrauenswürdigkeit, Geradlinigkeit und der Garantie menschlicher staatlicher Unterstützung angehen, können wir die außergewöhnliche Fähigkeit der mechanischen Technologie und der computergestützten Intelligenz nutzen, um für lange Zeit eine moralisch solide Zukunft, sozial und wirtschaftlich zu schaffen Zukunft.Das Bemühen, Geradlinigkeit und Aufgeschlossenheit in der Entwicklung der Dinge zu fördern, und die Verbreitung mechanischer Technologie und künstlicher Intelligenz können dazu beitragen, das Vertrauen der Öffentlichkeit in diese Technologien aufzubauen. Darüber hinaus sind interdisziplinäre Forschung und gemeinsame Anstrengungen von grundlegender Bedeutung, um das Verständnis zu fördern, das wir deren moralischen Aspekte interpretieren können mechanische Technologie und künstliche Intelligenz und schaffen Verfahren zur Lösung moralischer Schwierigkeiten und Probleme. Indem wir Spezialisten aus verschiedenen Bereichen wie Denkweise, Moral, Regulierung, Sozialwissenschaften und Softwareentwicklung vereinen, können wir einen interdisziplinären Diskurs und koordinierte Bemühungen fördern, die unsere Interpretation der moralischen

Auswirkungen mechanischer Technologie und künstlicher Intelligenz verbessern und moralisch beleuchten unabhängige Richtungs- und Strategieentwicklung. Letztendlich erfordert die Auseinandersetzung mit den moralischen Auswirkungen fortschrittlicher Mechanik und simulierter Intelligenz einen umfassenden und vielschichtigen Ansatz, der innovative Weiterentwicklung, administrative Aufsicht, Anleitung und Vorbereitung, öffentliches Engagement und interdisziplinäre Erkundung umfasst. Indem wir zusammenarbeiten, um die moralischen Schwierigkeiten und Zwänge anzugehen, die mechanische Technologie und künstliche Intelligenz mit sich bringen, können wir garantieren, dass diese Fortschritte zu einer noch gerechteren und vernünftigeren Zukunft für alle beitragen. Letztendlich werden die moralischen Auswirkungen fortschrittlicher Mechanik und künstlicher Intelligenz berücksichtigt Intelligenz ist bedeutsam und umfassend und befasst sich mit grundlegenden Fragen zu menschlichen Qualitäten, Freiheiten und Pflichten in einer unbestreitbar robotisierten und vernetzten Welt. Indem wir diese Herausforderungen mit Vertrauenswürdigkeit, Geradlinigkeit und der Garantie menschlicher staatlicher Unterstützung angehen, können wir die außergewöhnliche

Fähigkeit der mechanischen Technologie und der computergestützten Intelligenz nutzen, um für lange Zeit eine moralisch solide Zukunft, sozial und wirtschaftlich zu schaffen Zukunft.Das Bemühen, Geradlinigkeit und Aufgeschlossenheit in der Entwicklung der Dinge zu fördern, und die Verbreitung mechanischer Technologie und künstlicher Intelligenz können dazu beitragen, das Vertrauen der Öffentlichkeit in diese Technologien aufzubauen. Darüber hinaus sind interdisziplinäre Forschung und gemeinsame Anstrengungen von grundlegender Bedeutung, um das Verständnis zu fördern, das wir deren moralischen Aspekte interpretieren können mechanische Technologie und künstliche Intelligenz und schaffen Verfahren zur Lösung moralischer Schwierigkeiten und Probleme. Indem wir Spezialisten aus verschiedenen Bereichen wie Denkweise, Moral, Regulierung, Sozialwissenschaften und Softwareentwicklung vereinen, können wir einen interdisziplinären Diskurs und koordinierte Bemühungen fördern, die unsere Interpretation der moralischen Auswirkungen mechanischer Technologie und künstlicher Intelligenz verbessern und moralisch beleuchten unabhängige Richtungs- und Strategieentwicklung. Letztendlich erfordert die Auseinandersetzung mit den moralischen Auswirkungen fortschrittlicher Mechanik und simulierter Intelligenz einen umfassenden und vielschichtigen Ansatz, der innovative Weiterentwicklung, administrative Aufsicht, Anleitung und Vorbereitung, öffentliches Engagement und interdisziplinäre Erkundung umfasst. Indem wir zusammenarbeiten, um die moralischen Schwierigkeiten und Zwänge anzugehen, die mechanische Technologie und künstliche Intelligenz mit sich bringen, können wir garantieren, dass diese Fortschritte zu einer noch gerechteren und vernünftigeren Zukunft für alle beitragen. Letztendlich werden die moralischen Auswirkungen fortschrittlicher Mechanik und künstlicher Intelligenz berücksichtigt Intelligenz ist bedeutsam und umfassend und befasst sich mit grundlegenden Fragen zu menschlichen Qualitäten, Freiheiten und Pflichten in einer unbestreitbar robotisierten und vernetzten Welt. Indem wir diese Herausforderungen mit Vertrauenswürdigkeit, Geradlinigkeit und der Garantie menschlicher staatlicher Unterstützung angehen, können wir die außergewöhnliche Fähigkeit der mechanischen Technologie und der computergestützten Intelligenz nutzen, um für lange Zeit eine moralisch solide Zukunft, sozial und wirtschaftlich zu schaffen Zukunft.Indem wir zusammenarbeiten, um die moralischen Schwierigkeiten und Zwänge anzugehen, die mechanische Technologie und künstliche Intelligenz mit sich bringen, können wir garantieren, dass diese Fortschritte zu einer noch gerechteren und vernünftigeren Zukunft für alle beitragen. Letztendlich werden die moralischen Auswirkungen fortschrittlicher Mechanik und künstlicher Intelligenz berücksichtigt Intelligenz ist bedeutsam und umfassend und befasst sich mit grundlegenden Fragen zu menschlichen Qualitäten, Freiheiten und Pflichten in einer unbestreitbar robotisierten und vernetzten Welt. Indem wir diese Herausforderungen mit Vertrauenswürdigkeit, Geradlinigkeit und der Garantie menschlicher staatlicher Unterstützung angehen, können wir die außergewöhnliche Fähigkeit der mechanischen Technologie und der computergestützten Intelligenz nutzen, um für lange Zeit eine moralisch solide Zukunft, sozial und wirtschaftlich zu schaffen Zukunft.Indem wir zusammenarbeiten, um die moralischen Schwierigkeiten und Zwänge anzugehen, die mechanische Technologie und künstliche Intelligenz mit sich bringen, können wir garantieren, dass diese Fortschritte zu einer noch gerechteren und vernünftigeren Zukunft für alle beitragen. Letztendlich werden die moralischen Auswirkungen fortschrittlicher Mechanik und künstlicher Intelligenz berücksichtigt Intelligenz ist bedeutsam und umfassend und befasst sich mit grundlegenden Fragen zu menschlichen Qualitäten, Freiheiten und Pflichten in einer unbestreitbar robotisierten und vernetzten Welt. Indem wir diese Herausforderungen mit Vertrauenswürdigkeit, Geradlinigkeit und der Garantie menschlicher staatlicher Unterstützung angehen, können wir die außergewöhnliche Fähigkeit der mechanischen Technologie und der computergestützten Intelligenz nutzen, um für lange Zeit eine moralisch solide Zukunft, sozial und wirtschaftlich zu schaffen Zukunft.

Innovation und Verantwortung in Einklang bringen

Um ein Gleichgewicht zwischen Innovation und Verantwortung in der Robotik herzustellen, müssen ethische Überlegungen in jeder Phase der Entwicklung und Umsetzung berücksichtigt werden. Ethisches Design: Beim Design eines Robotersystems müssen ethische Überlegungen berücksichtigt werden. Es ist notwendig, Entwickler einzustellen, die moralisch denken und in der Lage sind, Verantwortung in Robotertechnologien zu integrieren. Kontrolle versus Freiheit: Da Roboter immer unabhängiger werden, ist es wichtig, klare Richtlinien und Kontrollmechanismen zu etablieren, um eine ethische Entscheidungsfindung sicherzustellen und Missbrauch zu verhindern. Datenschutz und Sicherheit Roboter sammeln viele Daten, daher sind Datenschutz und Sicherheit wichtig. Dazu gehört auch die Diskussion der ethischen Implikationen der Datenverarbeitung durch Robotersysteme. Zuweisung von Verantwortlichkeiten: Die Verfahren zur Delegation von Verantwortlichkeiten müssen von allen an der Erstellung und dem Betrieb eines Roboters beteiligten Parteien befolgt werden. Dadurch bleiben moralische Kohärenz und Verantwortlichkeit gewahrt. Ethische Robotik fördert verantwortungsvolles Verhalten und legt Wert auf das Wohlbefinden der Arbeitnehmer. Dazu gehört auch die Berücksichtigung der Beschäftigungsauswirkungen von Menschen, deren Beruf die Interaktion mit Robotern beinhaltet. Transparenz und Beseitigung von Voreingenommenheit: Um sicherzustellen, dass Robotiktechnologien gerecht sind und die Situation nicht verschärfen, müssen Maßnahmen ergriffen werden, um Voreingenommenheit und Transparenz bei der Anwendung künstlicher Intelligenz auf Roboter zu verringern. Das ultimative Ziel besteht darin, sicherzustellen, dass Robotiktechnologien so entwickelt und genutzt werden, dass sie unser Leben, unsere

Sicherheit und die Gesellschaft als Ganzes verbessern. Für tiefergehende Einblicke können Sie die Artikel zu diesen Themen lesen.

Kapitel 11: Die Auswirkungen von Robotern auf die Beschäftigungs- und Arbeitskräftedynamik

Durch die Einbindung von Robotik und Automatisierung in verschiedene Branchen sind Diskussionen über die Zukunft der Arbeit und die möglichen Auswirkungen auf Beschäftigung und Arbeitskräftedynamik entstanden. Die Art der Arbeitsplätze und die für den Erfolg in der Belegschaft erforderlichen Fähigkeiten werden durch die Robotertechnologie in so unterschiedlichen Branchen wie Fertigung, Logistik, Gesundheitswesen und Dienstleistung verändert. Eine der Hauptsorgen im Zusammenhang mit dem Aufstieg der Robotik ist das Potenzial für Arbeitsplatzverlagerungen und Veränderungen in der Zusammensetzung der Belegschaft. In diesem Kapitel untersuchen wir die Auswirkungen der Robotik auf Beschäftigung, Arbeitskräftedynamik und Strategien zur Bewältigung der sich verändernden Arbeitslandschaft im Zeitalter der Automatisierung. Arbeitnehmer, deren Arbeitsplätze anfällig für Automatisierung sind, laufen Gefahr, ihren Arbeitsplatz zu verlieren, da routinemäßige und sich wiederholende Aufgaben in der Fertigungs- und Montageindustrie durch Automatisierung ersetzt werden. Darüber hinaus können Fortschritte in der Robotiktechnologie, wie die Entwicklung von KI-gestützten Systemen und autonomen Robotern, zusätzlich zu den traditionellen Arbeiterberufen auch Auswirkungen auf Büroberufe wie Verwaltungstätigkeiten, Dateneingabe und Kundenservice haben. Andererseits kann die Robotiktechnologie zwar zum Verlust einiger Arbeitsplätze führen, eröffnet aber auch neue Möglichkeiten für Beschäftigung und wirtschaftliche Expansion. Durch ihren Einsatz können neue Arbeitsplätze in Bereichen wie Softwareentwicklung, Datenanalyse, Systemintegration, Wartung und Reparatur von Robotern sowie Automatisierung entstehen. Darüber hinaus besteht ein wachsender Bedarf an Fachkräften, die in der Lage sind, Robotersysteme zu entwerfen, zu bedienen und zu verwalten sowie die von diesen Systemen generierten Daten zu interpretieren. Darüber hinaus hat die Technologie der Robotik das Potenzial, die Produktivität, Effizienz und Wettbewerbsfähigkeit in Branchen zu steigern, die Automatisierung implementieren, was zu einem allgemeinen Beschäftigungswachstum und einer wirtschaftlichen Expansion führen würde. Durch die Automatisierung routinemäßiger und sich wiederholender Aufgaben kann die Robotertechnologie menschlichen Mitarbeitern die Möglichkeit geben, sich auf höherwertige Aufgaben zu konzentrieren, die Kreativität, kritisches Denken und Fähigkeiten zur Problemlösung erfordern. Darüber hinaus treibt die Robotertechnologie die Entwicklung der Arbeitskräftedynamik voran und verändert die Fähigkeiten, die für den Erfolg auf dem Arbeitsmarkt des 21. Jahrhunderts erforderlich sind. Robotergestützte Systeme wie kollaborative Roboter (Cobots) können die menschlichen Fähigkeiten verbessern und die Sicherheit am Arbeitsplatz erhöhen, indem sie Arbeiter bei körperlich anspruchsvollen Aufgaben unterstützen und das Risiko von Verletzungen und Unfällen verringern. Es besteht eine wachsende Nachfrage nach Investitionen in Bildungs- und Ausbildungsprogramme, die Einzelpersonen mit den Fähigkeiten und Kompetenzen ausstatten, die sie benötigen, um in einer technologiegetriebenen Wirtschaft erfolgreich zu sein, da die Nachfrage nach Arbeitskräften mit technischen Fähigkeiten in den Bereichen Robotik, Programmierung und Datenanalyse wächst. Da die Automatisierung die Art der

Arbeit und die Art und Weise verändert, wie wir mit Maschinen und KI-Systemen zusammenarbeiten und interagieren, werden Soft Skills wie Anpassungsfähigkeit, Kommunikation und Teamarbeit immer wichtiger.Andererseits ist es bei der Bewältigung der sich verändernden Arbeitslandschaft im Zeitalter der Automatisierung von entscheidender Bedeutung, Bedenken hinsichtlich Gleichberechtigung, Zugang und Inklusion in der Belegschaft auszuräumen. Um sicherzustellen, dass jeder die Chance hat, sich an die digitale Wirtschaft anzupassen und darin erfolgreich zu sein, sind Bemühungen zur Förderung lebenslangen Lernens und Umschulungsprogrammen von entscheidender Bedeutung, insbesondere für Arbeitnehmer, die aufgrund der Automatisierung Gefahr laufen, ihren Arbeitsplatz zu verlieren. Vielfalt, Gerechtigkeit und Inklusion in der MINT-Ausbildung und der Personalentwicklung sind ebenfalls von entscheidender Bedeutung für die Schaffung einer Belegschaft, die die Vielfalt unserer Gesellschaft widerspiegelt und die Robotiktechnologie in vollem Umfang für Innovation und Wirtschaftswachstum nutzt. Zusammenfassend lässt sich sagen, dass die Integration von Robotik und Automatisierung in die Arbeitswelt Einzelpersonen, Unternehmen

und die Gesellschaft als Ganzes sowohl mit Chancen als auch mit Herausforderungen birgt. Während die Robotiktechnologie das Potenzial hat, die Produktivität, Effizienz und Wettbewerbsfähigkeit zu steigern, wirft sie auch Bedenken hinsichtlich der Verdrängung von Arbeitsplätzen, Qualifikationsdefiziten und Ungleichheit in der Belegschaft auf. Wir können sicherstellen, dass die Robotertechnologie zu einer Zukunft beiträgt, in der Arbeit für alle sinnvoll, inklusiv und nachhaltig ist, indem wir diese Herausforderungen durch Investitionen in Bildung, Schulung und Personalentwicklung proaktiv angehen. Darüber hinaus erfordern Bemühungen zur Abmilderung der potenziellen negativen Auswirkungen der Robotik auf die Beschäftigung die Zusammenarbeit und Koordinierung zwischen Interessengruppen, darunter politischen Entscheidungsträgern, Unternehmen, Pädagogen und Arbeitsorganisationen.
Arbeitskräfteschulungsprogramme, Lehrlingsausbildungen und Unterstützung beim Arbeitsplatzwechsel sind Beispiele für politische Interventionen, die Arbeitnehmer dabei unterstützen können, die Fähigkeiten zu erwerben, die sie benötigen, um in einer technologiegetriebenen Wirtschaft erfolgreich zu sein und sich an veränderte

Arbeitsanforderungen anzupassen. Darüber hinaus können Bemühungen zur Förderung des Wirtschaftswachstums und der Schaffung von Arbeitsplätzen in Branchen, die Robotik und Automatisierung ergänzen, wie digitale Dienste, erneuerbare Energien und fortschrittliche Fertigung, Arbeitsplatzverluste in von der Automatisierung betroffenen Branchen ausgleichen. Um die Geschäftsmöglichkeiten der Robotik und Automatisierung nutzen zu können, ist es außerdem wichtig, eine Kultur der Innovation und des Unternehmertums zu pflegen. Regierungen können Innovationen fördern und neue Wege für die Schaffung von Arbeitsplätzen und die wirtschaftliche Expansion eröffnen, indem sie Anreize für Start-ups und kleine Unternehmen bieten, Partnerschaften zwischen Wissenschaft und Industrie fördern und Forschungs- und Entwicklungsinitiativen unterstützen. Darüber hinaus besteht mit der fortschreitenden Weiterentwicklung der Robotiktechnologie ein wachsender Bedarf an ethischen und verantwortungsvollen Automatisierungsansätzen, bei denen das menschliche Wohlergehen und das soziale Wohlergehen im Vordergrund stehen. Darüber hinaus können Bemühungen zur Förderung der Kommerzialisierung der Robotikforschung und des Technologietransfers dazu beitragen, wissenschaftliche Entdeckungen in praktische Anwendungen umzusetzen, die der Gesellschaft zugute kommen und zum wirtschaftlichen Wohlstand beitragen. Ethische Richtlinien für den Entwurf und die Implementierung von Robotiksystemen, Transparenz- und Rechenschaftsmechanismen für KI-Algorithmen sowie die Beteiligung der Öffentlichkeit an Entscheidungsprozessen können dazu beitragen, dass die Robotiktechnologie im Einklang mit menschlichen Werten und zum Nutzen der Allgemeinheit entwickelt und genutzt wird. Zusammenfassend lässt sich sagen, dass die Auswirkungen der Robotik auf Beschäftigung und Arbeitskräftedynamik komplex und vielschichtig sind und Chancen und Herausforderungen für Einzelpersonen, Unternehmen und die Gesellschaft als Ganzes mit sich bringen. Um eine Zukunft aufzubauen, in der die Robotiktechnologie allen Mitgliedern der Gesellschaft zugute kommt, sind Anstrengungen zur Bewältigung der sozialen und wirtschaftlichen Auswirkungen der Automatisierung wie Einkommensungleichheit, Arbeitsplatzpolarisierung und Zugang zu Gesundheits- und Sozialdiensten unerlässlich. Wir können uns in der sich verändernden Arbeitslandschaft im Zeitalter der Automatisierung zurechtfinden und sicherstellen, dass die Robotertechnologie zu einer Zukunft beiträgt, in der die Arbeit für alle sinnvoll, inklusiv und nachhaltig ist, indem wir Innovationen fördern, in Bildung und Ausbildung investieren und die Zusammenarbeit und den Dialog zwischen den Beteiligten fördern .

Anpassungen an die sich verändernde Beschäftigungslandschaft vornehmen

Tatsächlich ist die Anpassung an die sich verändernde Beschäftigungslandschaft ein entscheidendes Thema, insbesondere angesichts der zunehmenden Verbreitung von Robotik und Automatisierung. Bedenken Sie diese wichtigen Punkte: Erhöhte Automatisierung: Entgegen der landläufigen Meinung verändern Automatisierung und Robotik die Art der Arbeit, anstatt Arbeitskräfte zwangsläufig zu ersetzen. Da Unternehmen produktiver und wettbewerbsfähiger werden, kann die zunehmende Automatisierung zu einem allgemeinen Anstieg der Einstellungszahlen führen. Veränderungen im Management: Die Einführung von Robotern kann den Bedarf an Managern verringern, insbesondere an denen, die für hochqualifizierte Mitarbeiter verantwortlich sind. Denn Roboter können menschliche Fehler reduzieren und die Effizienz steigern. Höherqualifizierung und Umschulung:

Arbeitnehmer müssen weitergebildet und umgeschult werden, um sich an neue Technologien anpassen zu können. Sich wiederholende oder unkomplizierte Problemlösungsaufgaben sind am anfälligsten für Automatisierung. Zusammenarbeit zwischen Menschen und KI: Der Schlüssel liegt darin, eine Kultur des kontinuierlichen Lernens zu fördern und die Bedeutung menschlicher Fähigkeiten anzuerkennen. Es wird von entscheidender Bedeutung sein, sich auf eine hybride Arbeitswelt einzustellen, in der KI und Menschen zusammenarbeiten. Es entstehen neue Arbeitsplätze, auch wenn durch die Automatisierung möglicherweise einige Arbeitsplätze wegfallen. Es entstehen jedoch neue Rollen, die unterschiedliche Fähigkeiten erfordern. Zusammenfassend lässt sich sagen, dass der Schwerpunkt auf der Nutzung von Technologie liegen sollte, um produktiver und wettbewerbsfähiger zu werden und gleichzeitig sicherzustellen, dass die Arbeitnehmer auf die Veränderungen vorbereitet sind, die durch Robotik und Automatisierung entstehen. Es ist wichtig sicherzustellen, dass die Arbeitnehmer mit den Fähigkeiten ausgestattet sind, die sie für die Besetzung dieser neuen Rollen benötigen. Es geht darum, ein Gleichgewicht zwischen menschlicher Arbeit und technologischem Fortschritt zu finden.

Kapitel 12: Barrierefreiheit und Robotik: Menschen mit Behinderungen mehr Macht geben

Die Art und Weise, wie Menschen mit Behinderungen mit ihrer Umwelt interagieren, hat sich durch die Integration der Robotertechnologie in Hilfsmittel und Barrierefreiheitslösungen verändert und ihre Unabhängigkeit, Mobilität und Lebensqualität verbessert. Assistenzroboter, Smart-Home-Systeme, Roboterprothesen und Exoskelette sind nur einige Beispiele dafür, wie Robotertechnologie es Menschen mit Behinderungen ermöglicht, physische Barrieren zu überwinden und voll an der Gesellschaft teilzuhaben. Roboterprothesen und Exoskelette verändern das Leben von Menschen mit Gliedmaßenverlust oder Mobilitätseinschränkungen, indem sie Mobilität, Geschicklichkeit und Funktionalität wiederherstellen. In diesem Kapitel werden wir die Rolle der Robotik bei der Barrierefreiheit und ihre Auswirkungen auf die Stärkung von Menschen mit Behinderungen untersuchen. Prothetische Gliedmaßen mit KI-Algorithmen,

Sensoren und Aktoren können die natürlichen Bewegungen menschlicher Gliedmaßen nachahmen und so den Benutzern die Ausführung einer Vielzahl alltäglicher Aufgaben einfacher und präziser machen. Darüber hinaus erleichtert die Robotiktechnologie die Entwicklung von Assistenzrobotern und Roboterbegleitern, die Menschen mit Behinderungen in verschiedenen Aspekten des täglichen Lebens unterstützen und unterstützen. In ähnlicher Weise können Exoskelette und motorbetriebene Orthesen Menschen mit eingeschränkter Mobilität unterstützen, indem sie ihnen beim Gehen, Stehen und Treppensteigen Unterstützung und Unterstützung bieten. Dies ermöglicht es dem Einzelnen, sich unabhängiger und selbstbewusster in seiner Umgebung zurechtzufinden. Soziale Roboter mit KI und Fähigkeiten zur Verarbeitung natürlicher Sprache können Menschen mit Behinderungen helfen, sich weniger einsam und isoliert zu fühlen, indem sie bei Dingen wie Kommunikation, sozialer Interaktion und emotionaler Unterstützung helfen. Darüber hinaus revolutioniert die Robotertechnologie die Barrierefreiheit in der gebauten Umwelt, indem sie die Entwicklung von Smart-Home-Systemen und Umgebungskontrollgeräten ermöglicht, die auf die Bedürfnisse von Menschen mit Behinderungen zugeschnitten sind.

Darüber hinaus können Serviceroboter mit Manipulatoren und Sensoren bei Aufgaben wie Körperpflege, Essenszubereitung und Hausarbeiten unterstützen und ermöglichen so Menschen mit Behinderungen ein unabhängigeres und autonomeres Leben. Menschen mit Behinderungen können dank Smart-Home-Systemen, die mit Sensoren, Aktoren und Spracherkennungstechnologie ausgestattet sind, komfortabler und sicherer in ihren eigenen vier Wänden leben. Diese Systeme können verschiedene Aspekte der häuslichen Umgebung automatisieren und steuern, wie z. B. Beleuchtung, Temperatur und Sicherheit. Darüber hinaus erleichtert die Entwicklung barrierefreier Transportsysteme, Kommunikationsgeräte und unterstützender Technologien den Zugang von Menschen mit Behinderungen zu Bildung, Beschäftigung und sozialer Teilhabe. Darüber hinaus ermöglichen Umgebungssteuerungsgeräte wie adaptive Schalter, sprachaktivierte Assistenten und Gestenerkennungssysteme Menschen mit Behinderungen, elektronische Geräte und Geräte einfacher und unabhängiger zu steuern. Menschen mit eingeschränkter Mobilität können dank autonomer Fahrzeuge, die mit rollstuhlgerechten Funktionen und unterstützenden Technologien ausgestattet sind, sicher und unabhängig reisen. Dadurch werden Hindernisse für Beschäftigung, Bildung und gesellschaftliche Teilhabe verringert. Ebenso ermöglichen sprachgenerierende Geräte, Braillezeilen und alternative Eingabegeräte Menschen mit Kommunikationsbehinderungen, sich effektiver auszudrücken und mit anderen zu interagieren, was die Inklusion und Teilhabe an der Gesellschaft fördert. Andererseits hat die Robotiktechnologie zwar das Potenzial, das Leben von Menschen mit Behinderungen zu verändern, wirft jedoch auch erhebliche Bedenken hinsichtlich der Zugänglichkeit, Erschwinglichkeit und Benutzerfreundlichkeit auf. Um sicherzustellen, dass alle Menschen mit Behinderungen gleichen Zugang zu robotergestützten Hilfstechnologien haben, müssen Bedenken hinsichtlich der Kosten und der Verfügbarkeit dieser Geräte sowie der Anforderungen an Schulung und Unterstützung für Benutzer und Betreuer berücksichtigt werden.

Zusammenfassend lässt sich sagen, dass die Robotiktechnologie die Barrierefreiheit revolutioniert, indem sie innovative Lösungen bereitstellt, die es Menschen mit Behinderungen ermöglichen, physische Barrieren zu überwinden und umfassender an der Gesellschaft teilzuhaben. Darüber hinaus sind Bemühungen zur Berücksichtigung ethischer und sozialer Aspekte wie Datenschutz, Autonomie und die mögliche Abhängigkeit von Technologie von wesentlicher Bedeutung, um den verantwortungsvollen und ethischen Einsatz von Robotiktechnologie in Barrierefreiheitslösungen zu fördern. Die Robotertechnologie verbessert die Unabhängigkeit, Mobilität und Lebensqualität von Menschen mit Behinderungen durch unterstützende Roboter, Exoskelette, Roboterprothesen und Smart-Home-Systeme. Um sicherzustellen, dass die Robotiktechnologie allen Mitgliedern der Gesellschaft zugute kommt, unabhängig von ihren Fähigkeiten oder Behinderungen, lassen Sie uns unser Engagement für die Förderung von integrativem Design, gleichberechtigtem Zugang und ethischer Technologienutzung beibehalten, während wir weiterhin das Potenzial der Robotik zur Zugänglichkeit nutzen. Um die Zugänglichkeit in der Robotik zu verbessern, sind außerdem Bemühungen zur Förderung der Zusammenarbeit und Partnerschaft zwischen Interessengruppen wie Forschern, Ingenieuren, medizinischem Fachpersonal, politischen Entscheidungsträgern und Interessenverbänden von entscheidender Bedeutung. Wir können sicherstellen, dass unterstützende Technologien und Barrierefreiheitslösungen den unterschiedlichen Bedürfnissen und Vorlieben von Menschen mit Behinderungen gerecht werden, indem wir Innovation und Entwicklung beschleunigen, indem wir die interdisziplinäre Zusammenarbeit und den Wissensaustausch fördern. Das Verständnis und die Unterstützung der Öffentlichkeit für Robotiktechnologien hängen auch von Bemühungen ab, die Aufklärung und das Bewusstsein für Robotiktechnologie und deren Zugänglichkeit zu schärfen. Wir können die Akzeptanz und Einführung unterstützender Technologien bei Menschen mit Behinderungen, Betreuern und der breiten Öffentlichkeit fördern, indem wir das Bewusstsein für die potenziellen Vorteile der Robotik für die Barrierefreiheit fördern und Missverständnisse ausräumen. Darüber hinaus ist es wichtig, regulatorische und politische Hindernisse für die Entwicklung und den Einsatz von Robotertechnologie im Bereich der Barrierefreiheit zu beseitigen, um einen gleichberechtigten Zugang und eine gleichberechtigte Einführung dieser Technologien sicherzustellen. Darüber hinaus ist es wichtig, Menschen mit Behinderungen in die Lage zu versetzen, robotergestützte Hilfsmittel effektiv und selbstständig zu nutzen. Politische Maßnahmen wie Finanzierungsanreize, Beschaffungsrichtlinien und Barrierefreiheitsstandards können Investitionen in die Forschung und Entwicklung robotikgestützter Hilfsmittel fördern und sicherstellen, dass diese Technologien den Anforderungen von Menschen mit Behinderungen gerecht werden. Zusammenfassend lässt sich sagen, dass die Robotiktechnologie das Potenzial hat, das Leben von Menschen mit Behinderungen zu verändern, indem sie innovative Lösungen bereitstellt, die Unabhängigkeit, Mobilität und Lebensqualität verbessern. Darüber hinaus sind Bemühungen zur Förderung universeller Designprinzipien und Barrierefreiheitsstandards bei der Entwicklung der Robotertechnologie von entscheidender Bedeutung, um sicherzustellen, dass diese Technologien für Menschen mit unterschiedlichen Fähigkeiten und Behinderungen nutzbar und zugänglich sind. Robotikgestützte Hilfsgeräte wie Assistenzroboter, Smart-Home-Systeme,sowie Roboterprothesen und Exoskelette ermöglichen es Menschen mit Behinderungen, physische Barrieren zu überwinden und besser am gesellschaftlichen Leben teilzuhaben. Um sicherzustellen, dass die Robotiktechnologie allen Mitgliedern der Gesellschaft zugute kommt, unabhängig von ihren Fähigkeiten oder Behinderungen, setzen wir uns weiterhin dafür ein, integratives Design, gleichberechtigten Zugang und ethische Technologienutzung zu fördern, während wir die Zugänglichkeit der Robotik weiter vorantreiben.

Verbesserung der Barrierefreiheit durch unterstützende Robotik

Tatsächlich ist die Anpassung an die sich verändernde Beschäftigungslandschaft ein entscheidendes Thema, insbesondere angesichts der zunehmenden Verbreitung von Robotik und Automatisierung.

Bedenken Sie diese wichtigen Punkte: Mehr Automatisierung: Entgegen der landläufigen Meinung verändern Automatisierung und Robotik die Art der Arbeit, anstatt Arbeitskräfte zu ersetzen. Da Unternehmen produktiver und wettbewerbsfähiger werden, kann die zunehmende Automatisierung zu einem allgemeinen Anstieg der Einstellungszahlen führen. Veränderungen im Management: Die Einführung von Robotern kann den Bedarf an Managern verringern, insbesondere an denen, die für hochqualifizierte Mitarbeiter verantwortlich sind. Denn Roboter können menschliche Fehler reduzieren und die Effizienz steigern. Höherqualifizierung und Umschulung: Arbeitnehmer müssen weitergebildet und umgeschult werden, um sich an neue Technologien anpassen zu können. Sich wiederholende oder unkomplizierte Problemlösungsaufgaben sind am anfälligsten für Automatisierung.

➢ Zusammenarbeit zwischen Mensch und KI: Es ist wichtig, eine Kultur des kontinuierlichen Lernens zu fördern und die Bedeutung menschlicher Fähigkeiten anzuerkennen. Es wird von entscheidender Bedeutung sein, sich auf eine hybride Arbeitswelt einzustellen, in der KI und Menschen zusammenarbeiten. Die Schaffung neuer Arbeitsplätze: Obwohl durch die Automatisierung möglicherweise einige Arbeitsplätze wegfallen, werden neue Rollen geschaffen, die unterschiedliche Fähigkeiten erfordern.

Es ist von entscheidender Bedeutung, sicherzustellen, dass die Arbeitnehmer über die Fähigkeiten verfügen, die sie für die Besetzung dieser neuen Positionen benötigen. Kurz gesagt, die Verbesserung der Produktivität und Wettbewerbsfähigkeit durch den Einsatz von

Technologie sollte im Vordergrund stehen, ebenso wie die Vorbereitung der Mitarbeiter auf die Veränderungen, die Automatisierung und Robotik mit sich bringen. Es geht darum, ein Gleichgewicht zwischen menschlicher Arbeit und technologischem Fortschritt zu finden.

Kapitel 13: Erkundung der Grenzen der Kreativität durch den Einsatz von Robotern in der Unterhaltung

Die Art und Weise, wie wir Unterhaltungsmedien erleben und mit ihnen interagieren, hat sich durch die Einführung der Robotertechnologie in der Unterhaltungsindustrie verändert und läutet eine neue Ära der Kreativität und Innovation ein. Robotikgestützte Attraktionen und Erlebnisse ziehen das Publikum in ihren Bann und erweitern die Grenzen des Geschichtenerzählens und der immersiven Unterhaltung in allen Bereichen, von Themenparks über Live-Auftritte bis hin zu Film, Fernsehen und Spielen. Eine der offensichtlichsten Manifestationen der Robotik in der Unterhaltung findet sich in Themenparks und Attraktionen, wo Animatronik und Roboterfiguren Fantasiewelten zum Leben erwecken und den Besuchern immersive Erlebnisse bieten. In diesem Kapitel untersuchen wir die Rolle der Robotik in der Unterhaltung und ihren Einfluss auf die Gestaltung der Zukunft der Unterhaltungsindustrie. Die Schaffung dynamischer und ansprechender Umgebungen, die Gäste in fantastische Welten entführen und ihre Fantasie anregen, wird durch Robotertechnologie ermöglicht, die es Themenparkdesignern und Imagineers ermöglicht, lebensechte Dinosaurier, Kreaturen, interaktive Roboter und animatronische Figuren zu erschaffen. Darüber hinaus ermöglichen Fortschritte in der Robotertechnologie, wie der Einsatz von Sensoren, Aktoren und Algorithmen der künstlichen Intelligenz (KI), die Attraktionen in Themenparks interaktiver zu gestalten und auf die Eingaben der Gäste zu reagieren, was insgesamt zu einer Verbesserung führt Unterhaltungserlebnis. Darüber hinaus revolutioniert die Robotertechnologie Theaterproduktionen und Live-Auftritte, indem sie die Entwicklung dynamischer und ausdrucksstarker Robotercharaktere und -darsteller ermöglicht. Mit faszinierenden Darstellungen von Bewegung, Ausdruck und Emotionen erweitern robotikgestützte Darbietungen die Grenzen dessen, was in der Live-Unterhaltung mit Puppenspielen, kinetischen Skulpturen, Roboterschauspielern und Tänzern möglich ist. Sie verwischen auch die

Grenze zwischen Mensch und Maschine. Darüber hinaus verändert die Robotertechnologie die Film- und Fernsehbranche, indem sie es Filmemachern und Content-Erstellern ermöglicht, imaginäre Welten und Charaktere mit beispiellosem Realismus und Detailreichtum zum Leben zu erwecken. Durch die Nutzung der Fähigkeiten von Robotern ermöglicht die Robotertechnologie Künstlern und Künstlern die Erforschung neuer Formen des Ausdrucks und des Geschichtenerzählens. Die Robotik-Technologie ermöglicht es Filmemachern, immersive und glaubwürdige Welten zu erschaffen, die das Publikum fesseln und starke emotionale Reaktionen hervorrufen, von animatronischen Kreaturen und Roboter-Requisiten bis hin zu Charakteren und visuellen Effekten, die durch computergenerierte Bilder (CGI) verbessert werden. Darüber hinaus verändert die Robotertechnologie die Spielelandschaft, indem sie die Schaffung immersiver und interaktiver Erlebnisse ermöglicht, die die Grenzen zwischen der virtuellen und der physischen Welt verwischen. Darüber hinaus verändert die Robotiktechnologie die Gaming-Landschaft neu, indem sie die Entwicklung immersiver und interaktiver Erlebnisse ermöglicht, die die Grenzen zwischen der virtuellen und der physischen Welt verwischen. Durch taktiles Feedback, haptische Empfindungen, und physischer Interaktion mit virtuellen Umgebungen verbessert die Robotiktechnologie das Gameplay und die Immersion, von Roboter-Gaming-Peripheriegeräten und -Zubehör bis hin zu Augmented Reality (AR) und Virtual Reality (VR)-Erlebnissen. Darüber hinaus bieten robotikgestützte Spielerlebnisse den Spielern die Möglichkeit, sich auf neuartige und aufregende Weise mit Spielen auseinanderzusetzen, beispielsweise durch bewegungsgesteuerte Schnittstellen, Gestenerkennung oder Sprachbefehle. Andererseits wirft die Robotertechnologie mit dem Fortschritt und der zunehmenden Verankerung in den Unterhaltungsmedien auch erhebliche Bedenken hinsichtlich Ethik, Sicherheit und der Zukunft der Beschäftigung in der Unterhaltungsindustrie auf. Um sicherzustellen, dass robotikgestützte Erlebnisse inklusiv, respektvoll und kulturell sensibel sind, müssen ethische Bedenken hinsichtlich des Einsatzes von Robotik in der Unterhaltung, wie etwa Einwilligung, Privatsphäre und Vertretung, sorgfältig berücksichtigt werden. Zusammenfassend lässt sich sagen, dass die Robotertechnologie die Unterhaltungsindustrie revolutioniert, indem sie die Grenzen der Kreativität und

Vorstellungskraft verschiebt und neue Möglichkeiten für immersive und interaktive Erlebnisse schafft. Um den sicheren Betrieb robotikgestützter Attraktionen und Erlebnisse in Unterhaltungsstätten zu gewährleisten, sind Bemühungen zur Berücksichtigung von Sicherheitsaspekten wie Risikobewertung, Notfallprotokollen und Benutzerschulung unerlässlich. Robotikgestützte Attraktionen und Erlebnisse fesseln das Publikum und verändern die Art und Weise, wie wir Unterhaltungsmedien erleben und mit ihnen interagieren, von Themenparks bis hin zu Live-Auftritten, Filmen, Fernsehen und Videospielen. Es ist von wesentlicher Bedeutung, die Zusammenarbeit und Innovation zwischen Robotikingenieuren, Fachleuten der Unterhaltungsindustrie und kreativen Künstlern zu fördern, um die Entwicklung innovativer robotikgestützter Unterhaltungserlebnisse voranzutreiben, während wir weiterhin die Schnittstelle von Technologie und Vorstellungskraft in der Unterhaltung untersuchen. Wir setzen uns weiterhin für die Förderung des ethischen und verantwortungsvollen Einsatzes der Robotiktechnologie ein und sorgen dafür, dass robotikgestützte Erlebnisse das Publikum weltweit bereichern und inspirieren. Darüber hinaus demokratisiert die Robotertechnologie den Zugang zur Schaffung und zum Konsum von Unterhaltung, indem sie es Einzelpersonen und Gemeinschaften ermöglicht, sich an der Produktion und Verbreitung von Inhalten zu beteiligen. Wir können die Grenzen des Möglichen in der Unterhaltungsbranche erweitern, indem wir Fachwissen aus verschiedenen Bereichen wie Robotik, Technik, Animation, Geschichtenerzählen und Design zusammenbringen. Technologie in der Robotik gibt Enthusiasten und Entwicklern die Möglichkeit, mit Robotik zu experimentieren und ihre eigenen interaktiven Erlebnisse und Inhalte über Online-Plattformen, soziale Medien, Maker-Communitys und DIY-Robotik-Bausätze zu erstellen. Darüber hinaus treibt die Robotiktechnologie Innovationen im Unterhaltungsmarketing und in der Werbung voran, indem sie die Entwicklung interaktiver und ansprechender Erlebnisse ermöglicht, die die Aufmerksamkeit des Publikums auf sich ziehen und das Markenengagement fördern. Zusätzlich,Robotikgestützte Tools und Plattformen für die Erstellung und Verbreitung von Inhalten ermöglichen es Kreativen, ein globales Publikum zu erreichen und ihre Kreationen mit der Welt zu teilen, wodurch der Zugang zu Unterhaltung demokratisiert und Kreativität und Innovation im digitalen Zeitalter gefördert werden. Marken und Werbetreibende können Robotertechnologie nutzen, um unvergessliche und gemeinsam nutzbare Erlebnisse zu schaffen, die bei den Verbrauchern Anklang finden und die Markentreue fördern. Zu diesen Erlebnissen können immersive Installationen, experimentelle Marketingkampagnen, Robotermaskottchen und Charaktere gehören. Darüber hinaus verbessern robotikgestützte Einzelhandelserlebnisse wie interaktive Displays und robotische Produktdemonstrationen das Einkaufserlebnis und steigern die Kundenbindung und den Umsatz. Andererseits wirft die Robotiktechnologie, da sie die Unterhaltungsindustrie weiterhin revolutioniert, auch erhebliche Bedenken hinsichtlich der Privatsphäre, der Sicherheit und des ethischen Einsatzes der Technologie auf. Um sicherzustellen, dass die Rechte und Interessen des Publikums geschützt werden, müssen robotikgestützte Unterhaltungserlebnisse Bedenken hinsichtlich des Datenschutzes, der Überwachung sowie der Erhebung und Nutzung personenbezogener Daten berücksichtigen. Zusammenfassend lässt sich sagen, dass die Robotertechnologie die Unterhaltungsindustrie verändert, indem sie die Grenzen der Kreativität und Vorstellungskraft verschiebt und neue

Möglichkeiten für immersive und interaktive Erlebnisse schafft. Darüber hinaus sind Bemühungen zur Berücksichtigung von Sicherheitsaspekten wie Risikobewertung, Einhaltung gesetzlicher Vorschriften und Benutzerschulung von entscheidender Bedeutung, um den sicheren Betrieb robotikgestützter Attraktionen und Erlebnisse zu gewährleisten und das Risiko von Unfällen oder Verletzungen zu minimieren. Robotikgestützte Attraktionen und Erlebnisse fesseln das Publikum und verändern die Art und Weise, wie wir Unterhaltungsmedien erleben und mit ihnen interagieren. Sie sind in allen Bereichen zu finden, von Themenparks über Live-Auftritte bis hin zu Film, Fernsehen, Spielen und Marketing. Lassen Sie uns unserem Engagement für die Förderung des ethischen und verantwortungsvollen Einsatzes von Technologie treu bleiben und sicherstellen, dass durch Robotik ermöglichte Erlebnisse das Publikum auf der ganzen Welt bereichern und inspirieren, während wir weiterhin die Leistungsfähigkeit der Robotik in der Unterhaltung nutzen.Um sicherzustellen, dass die Rechte und Interessen des Publikums geschützt werden, müssen robotikgestützte Unterhaltungserlebnisse Bedenken hinsichtlich des Datenschutzes, der Überwachung sowie der

Erhebung und Nutzung personenbezogener Daten berücksichtigen. Zusammenfassend lässt sich sagen, dass die Robotertechnologie die Unterhaltungsindustrie verändert, indem sie die Grenzen der Kreativität und Vorstellungskraft verschiebt und neue Möglichkeiten für immersive und interaktive Erlebnisse schafft. Darüber hinaus sind Bemühungen zur Berücksichtigung von Sicherheitsaspekten wie Risikobewertung, Einhaltung gesetzlicher Vorschriften und Benutzerschulung von entscheidender Bedeutung, um den sicheren Betrieb robotikgestützter Attraktionen und Erlebnisse zu gewährleisten und das Risiko von Unfällen oder Verletzungen zu minimieren. Robotikgestützte Attraktionen und Erlebnisse fesseln das Publikum und verändern die Art und Weise, wie wir Unterhaltungsmedien erleben und mit ihnen interagieren. Sie sind in allen Bereichen zu finden, von Themenparks über Live-Auftritte bis hin zu Film, Fernsehen, Spielen und Marketing. Lassen Sie uns unserem Engagement für die Förderung des ethischen und verantwortungsvollen Einsatzes von Technologie treu bleiben und sicherstellen, dass durch Robotik ermöglichte Erlebnisse das Publikum auf der ganzen Welt bereichern und inspirieren, während wir weiterhin die Leistungsfähigkeit der Robotik in der

Unterhaltung nutzen.Um sicherzustellen, dass die Rechte und Interessen des Publikums geschützt werden, müssen robotikgestützte Unterhaltungserlebnisse Bedenken hinsichtlich des Datenschutzes, der Überwachung sowie der Erhebung und Nutzung personenbezogener Daten berücksichtigen. Zusammenfassend lässt sich sagen, dass die Robotertechnologie die Unterhaltungsindustrie verändert, indem sie die Grenzen der Kreativität und Vorstellungskraft verschiebt und neue Möglichkeiten für immersive und interaktive Erlebnisse schafft. Darüber hinaus sind Bemühungen zur Berücksichtigung von Sicherheitsaspekten wie Risikobewertung, Einhaltung gesetzlicher Vorschriften und Benutzerschulung von entscheidender Bedeutung, um den sicheren Betrieb robotikgestützter Attraktionen und Erlebnisse zu gewährleisten und das Risiko von Unfällen oder Verletzungen zu minimieren. Robotikgestützte Attraktionen und Erlebnisse fesseln das Publikum und verändern die Art und Weise, wie wir Unterhaltungsmedien erleben und mit ihnen interagieren. Sie sind in allen Bereichen zu finden, von Themenparks über Live-Auftritte bis hin zu Film, Fernsehen, Spielen und Marketing. Lassen Sie uns unserem Engagement für die Förderung des ethischen und verantwortungsvollen Einsatzes von

Technologie treu bleiben und sicherstellen, dass durch Robotik ermöglichte Erlebnisse das Publikum auf der ganzen Welt bereichern und inspirieren, während wir weiterhin die Leistungsfähigkeit der Robotik in der Unterhaltung nutzen.

Von Animatronik zu interaktiven Darstellern

Eine bedeutende Entwicklung in der Unterhaltungs- und Robotikbranche lässt sich im Übergang von der Animatronik zur interaktiven Performer-Robotik erkennen. Eine Zusammenfassung dieser Transformation lautet wie folgt: Die traditionelle Bedeutung von „Animatronik" ist „die Verwendung mechanischer Geräte zur Animation von Roboterfiguren", die häufig in Filmen, Vergnügungsparks und anderen Unterhaltungsstätten zu finden sind.

Diese Zahlen können ähnliche Entwicklungen kopieren, sind jedoch normalerweise auf vorgefertigte Aktivitäten beschränkt. Im Gegensatz dazu entwickelt Interactive Performer Robotics Roboter, die in Echtzeit mit Menschen und ihrer Umgebung interagieren können, indem sie modernste Technologien wie Sensoren, Kameras und künstliche Intelligenz integrieren. Dadurch kann die Aufführung dynamischer und anpassungsfähiger sein, da der Roboter auf das Publikum oder Veränderungen in der Umgebung reagieren kann123. Beispielsweise sorgen animatronische Figuren in Freizeitparks für lebensechte Bewegungen; Durch den Einsatz von Robotik sind diese Attraktionen jedoch viel anpassungsfähiger geworden, sodass Inhalte im Handumdrehen neu programmiert und aktualisiert werden können. Derzeit werden Roboter für den Einsatz in sozialen Anwendungen wie Bildung, Unterhaltung oder betreutem Wohnen außerhalb des Unterhaltungsbereichs entwickelt. Die neue Methode der Charakteranimation, bekannt als „Animation in Robotics", erweitert die traditionelle Methode, indem sie ermöglicht, dass animierte Bewegungen während der Benutzerinteraktion in realen Umgebungen interaktiver und anpassungsfähiger werden. Künstler und Entwickler von Robotern arbeiten zusammen, um ausdrucksstarke, emotionale und gestalterische Eigenschaften für Roboter zu entwickeln, die sinnvoll mit Menschen interagieren können. Insgesamt deutet die Entwicklung hin zur interaktiven Performer-Robotik, bei der Roboter sowohl Darsteller als auch Teilnehmer der Interaktion sind, auf einen Trend zur Schaffung immersiverer und ansprechenderer Unterhaltungserlebnisse hin.

Kapitel 14 Verständnis der Komplexität militärischer Anwendungen durch Robotik und Kriegsführung

Die Landschaft der modernen Kriegsführung und Sicherheit hat sich durch die Integration der Robotertechnologie in militärische Anwendungen verändert. Dadurch sind sowohl für die Streitkräfte als auch für die politischen Entscheidungsträger neue Fähigkeiten und Schwierigkeiten entstanden. Die Robotertechnologie verändert die Art und Weise, wie militärische Operationen durchgeführt werden, und wirft wichtige ethische, rechtliche und strategische Fragen auf.

Dazu gehören autonome Waffensysteme, Bodenroboter und Überwachungsdrohnen. Unbemannte Luftfahrzeuge (UAVs), besser bekannt als Drohnen, werden bei militärischen Einsätzen zur Aufklärung, Überwachung und gezielten Angriffen immer häufiger eingesetzt. In diesem Kapitel werden wir die Komplexität und Auswirkungen ihrer militärischen Anwendungen sowie die Rolle der Robotik in der Sicherheit und Kriegsführung untersuchen. Während Überwachungsdrohnen den Kommandeuren vor Ort Echtzeitinformationen und Situationsbewusstsein liefern, ermöglichen bewaffnete Drohnen mit präzisionsgelenkter Munition den Streitkräften die Durchführung chirurgischer Angriffe gegen feindliche Ziele mit dem geringsten Risiko für Personal und Kollateralschäden. Darüber hinaus revolutioniert die Robotertechnologie die Bodenkriegsführung durch die Entwicklung unbemannter Bodenfahrzeuge (UGVs) und Robotersysteme zur Aufklärung, Überwachung und Kampfunterstützung. Darüber hinaus ermöglichen Fortschritte bei Autonomie und KI-Algorithmen, dass Drohnen autonom und kollaborativ in Schwärmen agieren können, was ihre Effektivität und Vielseitigkeit bei einer Vielzahl militärischer Missionen erhöht. UGVs mit Sensoren, Kameras und Manipulatoren können Hindernisse überwinden, durch unwegsames Gelände navigieren und eine Vielzahl von Aufgaben wie Minenräumung, Routenräumung und Kampfmittelbeseitigung (EOD) ausführen. Dadurch werden Militäreinsätze sicherer und effizienter. Darüber hinaus treibt die Robotertechnologie Innovationen in der Seekriegsführung durch die Entwicklung unbemannter Überwasserschiffe (USVs) und Unterwasserdrohnen zur Meeresüberwachung, Minenabwehr und U-Boot-Bekämpfung voran. Darüber hinaus ermöglichen Robotersysteme wie Roboter-Exoskelette und unbemannte Kampffahrzeuge (UCVs) Soldaten, ihre Fähigkeiten zu verbessern und körperliche Einschränkungen auf dem Schlachtfeld zu überwinden, wodurch ihre Mobilität, Ausdauer und Tödlichkeit im Kampf verbessert werden. Zur Verbesserung der maritimen Sicherheits- und Verteidigungsfähigkeiten können USVs, die mit Sensoren, Sonar- und Kommunikationssystemen ausgestattet sind, autonom Seegrenzen patrouillieren, Schifffahrtswege überwachen und Unterwasserbedrohungen identifizieren und neutralisieren. Da die Robotiktechnologie immer weiter voranschreitet und immer stärker in militärische Operationen integriert wird, wirft sie auch wichtige ethische, rechtliche und strategische Überlegungen auf, die sorgfältig berücksichtigt werden müssen. Darüber hinaus ermöglichen Unterwasserdrohnen, die mit Kameras und Sensoren ausgestattet sind, den Seestreitkräften die Durchführung von Unterwasseraufklärung, Such- und

Rettungseinsätzen sowie die Umweltüberwachung in Unterwasserumgebungen, die gefährlich oder für bemannte Fahrzeuge unzugänglich sind. Um sicherzustellen, dass die robotergestützte Kriegsführung im Einklang mit Menschenrechten und ethischen Grundsätzen durchgeführt wird, ist es notwendig, ethische Bedenken hinsichtlich des Einsatzes autonomer Waffensysteme sorgfältig zu berücksichtigen. Zu diesen Bedenken gehören Themen wie Rechenschaftspflicht, Transparenz und Einhaltung des humanitären Völkerrechts (HVL). Abschließend,Die Robotiktechnologie verändert die Landschaft der modernen Kriegsführung und Sicherheit und bringt neue Fähigkeiten und Herausforderungen für Streitkräfte und politische Entscheidungsträger mit sich. Um Stabilität und Sicherheit in einem immer komplexeren und umkämpften Sicherheitsumfeld zu fördern, sind Anstrengungen zur Bewältigung der strategischen Auswirkungen der Robotiktechnologie wie Wettrüsten, Verbreitung und Eskalationsdynamik von entscheidender Bedeutung. Die Robotertechnologie verändert die Art und Weise, wie militärische Operationen durchgeführt werden, und wirft wichtige ethische, rechtliche und strategische Fragen auf, von unbemannten Luftfahrzeugen und Bodenrobotern bis hin zu autonomen Waffensystemen und Unterwasserdrohnen. Die Bemühungen, die ethischen, rechtlichen und strategischen Auswirkungen der Robotik in der Kriegsführung anzugehen, erfordern die Zusammenarbeit und Koordination zwischen Militärführern, politischen Entscheidungsträgern, Ethikern, Rechtsexperten und Organisationen der Zivilgesellschaft. Lassen Sie uns unserer Verpflichtung treu bleiben, den verantwortungsvollen und ethischen Einsatz von Technologie zu fördern und sicherzustellen, dass robotikgestützte militärische Anwendungen zu Frieden, Sicherheit und Stabilität im internationalen System beitragen, während wir uns weiterhin mit der Komplexität der Robotik in der Kriegsführung auseinandersetzen. Die Entwicklung von Normen, Richtlinien und Vorschriften, die die Entwicklung, den Einsatz und die Nutzung robotikgestützter Militärtechnologien regeln, sowie die Einhaltung des Völkerrechts und der Menschenrechtsstandards erfordern internationalen Dialog und Zusammenarbeit. Darüber hinaus sind Bemühungen zur Förderung verantwortungsvoller Innovation und Risikomanagement bei der Entwicklung und dem Einsatz robotikgestützter

Militärtechnologien von entscheidender Bedeutung, um die Sicherheit, Zuverlässigkeit und Wirksamkeit dieser Systeme zu gewährleisten. Darüber hinaus sind Bemühungen zur Förderung von Transparenz, Rechenschaftspflicht und Aufsichtsmechanismen für robotikgestützte Militäreinsätze von entscheidender Bedeutung, um Vertrauen unter den Beteiligten aufzubauen und das Risiko unbeabsichtigter Folgen oder des Missbrauchs dieser Technologien zu minimieren. Um die Leistung und Zuverlässigkeit robotikgestützter Militärtechnologien unter verschiedenen Einsatzbedingungen zu bewerten und potenzielle Risiken und Schwachstellen zu identifizieren und zu mindern, sind robuste Test-, Bewertungs- und Validierungsverfahren erforderlich. Darüber hinaus sind Bemühungen zur Förderung der Zusammenarbeit und Entscheidungsfindung zwischen Mensch und Maschine in der Kriegsführung von entscheidender Bedeutung, um die Stärken von Mensch und Maschine zu nutzen und gleichzeitig die Einschränkungen und Risiken autonomer Systeme zu mindern. Darüber hinaus sind Bemühungen zur Bewältigung von Cybersicherheitsbedrohungen und Schwachstellen in robotergestützten Militärsystemen von entscheidender Bedeutung, um diese Technologien vor unbefugtem Zugriff, Manipulation oder Ausbeutung durch Gegner zu schützen. Damit autonome Waffensysteme nach menschlichen Werten und ethischen Grundsätzen funktionieren und unbeabsichtigten Schaden oder Missbrauch verhindern, sind menschliche Aufsichts- und Kontrollmechanismen erforderlich. Die Integration der Robotertechnologie in militärische Anwendungen verändert die Landschaft der modernen Kriegsführung und Sicherheit.Einführung neuer Fähigkeiten und Herausforderungen sowohl für Streitkräfte als auch für politische Entscheidungsträger. Darüber hinaus sind Bemühungen zur Förderung der Teamarbeit und Zusammenarbeit zwischen Mensch und Maschine, wie z. B. Schulungs- und Ausbildungsprogramme für Militärpersonal, von entscheidender Bedeutung, um die Wirksamkeit und Widerstandsfähigkeit der Streitkräfte in einem immer komplexer und dynamischer werdenden Einsatzumfeld zu verbessern. Die Robotertechnologie verändert die Art und Weise, wie militärische Operationen durchgeführt werden, und wirft wichtige ethische, rechtliche und strategische Fragen auf, von unbemannten Luftfahrzeugen und Bodenrobotern bis hin zu autonomen Waffensystemen und Unterwasserdrohnen. Lassen Sie uns unserer

Verpflichtung treu bleiben, den verantwortungsvollen und ethischen Einsatz von Technologie zu fördern und sicherzustellen, dass robotikgestützte militärische Anwendungen zu Frieden, Sicherheit und Stabilität im internationalen System beitragen, während wir uns weiterhin mit der Komplexität der Robotik in der Kriegsführung auseinandersetzen.

Analyse des Beitrags der Robotik zu Verteidigungsstrategien

Da die Robotik eine Vielzahl von Fähigkeiten bietet, die militärische Operationen verbessern, ist sie zu einem wesentlichen Bestandteil moderner Verteidigungsstrategien geworden. Im Folgenden sind einige wichtige Beiträge der Robotik zur Verteidigung aufgeführt: Verbesserte Überwachung und Aufklärung: Die Technologie hinter der Robotik hat die Durchführung von Überwachung und Aufklärung erheblich vereinfacht. Diese Missionen nutzen jetzt Echtzeitdaten und Informationen, die von weit entfernten oder riskanten Orten gesammelt werden. Kampf- und Präzisionsangriffe werden durch unbemannte Systeme wie Drohnen ermöglicht, die das Risiko für Militärpersonal verringern. Während sie den Kollateralschaden minimieren, können sie Ziele mit hoher Genauigkeit angreifen. Management der Logistik und Lieferkette Durch den Einsatz von Robotern können Logistik- und Lieferkettenabläufe optimiert werden, um sicherzustellen, dass die Truppen im Feld effektiv Vorräte und Ausrüstung erhalten. Kampfmittelbeseitigung (Explosive Ordnance Disposal, EOD): Roboter werden häufig für EOD-Aufgaben eingesetzt, da sie es ermöglichen, explosive Bedrohungen sicher zu identifizieren und zu beseitigen, ohne Menschenleben zu gefährden. Katastrophenhilfe und humanitäre Hilfe: Roboter können in Katastrophengebieten Hilfe und Unterstützung leisten, in denen der Einsatz von Menschen möglicherweise zu riskant ist. Dies kann ein wichtiger Bestandteil humanitärer Missionen sein. Autonome Fahrzeuge und unbemannte Panzer: Die Entwicklung autonomer Fahrzeuge und unbemannter Panzer verändert das Schlachtfeld, bietet neue taktische Optionen und verringert den Bedarf an menschlichen Soldaten im direkten Kampf. Ethische und rechtliche Fragen: Der Aufstieg der Militärrobotik wirft auch mehrere ethische und rechtliche Fragen auf. Zu diesen Themen gehört die Notwendigkeit klarer Einsatzregeln und der Einsatz tödlicher autonomer Waffensysteme. Während sich die Nationen mit der Komplexität dieser sich rasch weiterentwickelnden Technologie auseinandersetzen, hat die Verbreitung der Robotik im Militär Auswirkungen auf die internationalen Beziehungen und die Rüstungskontrolle. Die drei Elemente Ziele, Mittel und Bedrohungen werden in der militärisch-strategischen Sichtweise der Robotik berücksichtigt. Es betont die Bedeutung der Einbeziehung der Robotik in die militärische Aus- und Weiterbildung2 und die Notwendigkeit politischer, strategischer, operativer und taktischer Planungsebenen. Für eine tiefergehende Analyse können Sie auf wissenschaftliche Artikel und Berichte verweisen, in denen die strategischen Auswirkungen der Robotik im militärischen Kontext erörtert werden. Robotik und autonome Systeme (RAS) werden für die Entwicklung künftiger militärischer Fähigkeiten von entscheidender Bedeutung sein, da sie sich weiterentwickeln.

Kapitel 15: Von der Kameradschaft zur Koexistenz: Die Richtung der Mensch-Roboter-Interaktion in der Zukunft

Die Zukunft der Mensch-Roboter-Interaktion verspricht enorme Veränderungen in der Art und Weise, wie wir leben, arbeiten und mit Technologie interagieren, da die Robotiktechnologie immer weiter voranschreitet. Roboter haben das Potenzial, in unserem täglichen Leben eine immer wichtigere Rolle zu spielen, von der Rolle als Begleiter und Betreuer bis hin zur Zusammenarbeit mit Menschen in verschiedenen Bereichen.

Einer der faszinierendsten Aspekte der Zukunft der Mensch-Roboter-Interaktion ist das Potenzial von Robotern, als Begleiter und Betreuer für Menschen zu fungieren, insbesondere in Kontexten wie dem Gesundheitswesen, der Altenpflege und der Unterstützung der psychischen Gesundheit. In diesem Kapitel untersuchen wir die sich entwickelnde Landschaft der Mensch-Roboter-Interaktion und das Potenzial für ein harmonisches Zusammenleben von Menschen und Robotern in der Gesellschaft. Soziale Roboter, die mit natürlichen Sprachverarbeitungs-, Emotionserkennungs-

und Empathie-Algorithmen ausgestattet sind, haben es Robotern ermöglicht, auf natürlichere und intuitivere Weise mit Menschen zu interagieren, sodass sie den Bedürftigen Kameradschaft, Hilfe und emotionale Unterstützung bieten können. Darüber hinaus werden Roboter zunehmend in eine Vielzahl von Aspekten des täglichen Lebens integriert, von persönlicher Assistenz und Unterhaltung bis hin zu Hausarbeiten und Besorgungen, was dazu beitragen kann, der sozialen Isolation und Einsamkeit gefährdeter Bevölkerungsgruppen wie älteren Menschen und Menschen mit Behinderungen entgegenzuwirken. Intelligente Geräte und Roboterassistenten mit KI- und Automatisierungsfunktionen können tägliche Routinen optimieren, Aufgaben und Zeitpläne verwalten und die Produktivität und Effizienz zu Hause und am Arbeitsplatz steigern. Darüber hinaus verspricht die Zukunft der Mensch-Roboter-Interaktion die Zusammenarbeit und Koexistenz zwischen Menschen und Robotern in verschiedenen Bereichen, darunter Industrie, Bildung und Forschung. Darüber hinaus können wir mit einer Zunahme robotergestützter Dienste und Anwendungen in Bereichen wie Einzelhandel, Gastgewerbe, Transport und Kundenservice rechnen, die die Art und Weise, wie wir mit Technologie interagieren und auf

Waren und Dienstleistungen zugreifen, verändern werden. Mit Sensoren und Algorithmen der künstlichen Intelligenz (KI) können kollaborative Roboter (Cobots) mit Menschen in der Fertigung, Logistik und anderen industriellen Umgebungen zusammenarbeiten, um die Produktivität und Sicherheit am Arbeitsplatz zu steigern. Da Menschen und Roboter zunehmend in der Gesellschaft interagieren und koexistieren, ist es wichtig, wichtige Überlegungen im Zusammenhang mit Ethik, Privatsphäre und gesellschaftlichen Auswirkungen anzugehen. Darüber hinaus werden Roboter zunehmend in Bildungseinrichtungen eingesetzt, um das Lernen und die Kompetenzentwicklung zu unterstützen und Schülern in MINT-Fächern und anderen Disziplinen interaktive und praktische Erfahrungen zu bieten. Um sicherzustellen, dass die Robotiktechnologie in einer Weise entwickelt und genutzt wird, die mit menschlichen Werten und ethischen Grundsätzen im Einklang steht, müssen Bedenken hinsichtlich des ethischen Einsatzes von Robotern in verschiedenen Kontexten, wie etwa Autonomie, Rechenschaftspflicht und Transparenz, sorgfältig geprüft werden. Zusammenfassend lässt sich sagen, dass die Zukunft der Mensch-Roboter-Interaktion ein enormes Potenzial für die

Veränderung der Art und Weise birgt, wie wir leben, arbeiten und mit Technologie interagieren. Darüber hinaus sind Bemühungen zur Bewältigung von Datenschutzbedenken wie Datensicherheit, Überwachung und Einwilligung für den Schutz individueller Rechte von wesentlicher Bedeutung. Roboter haben das Potenzial, in unserem täglichen Leben eine immer wichtigere Rolle zu spielen, von der Rolle als Begleiter und Betreuer bis hin zur Zusammenarbeit mit Menschen in verschiedenen Bereichen. Zusätzlich,Bemühungen zur Förderung von Inklusivität und Zugänglichkeit bei der Mensch-Roboter-Interaktion sind von wesentlicher Bedeutung, um sicherzustellen, dass die Robotiktechnologie allen Mitgliedern der Gesellschaft zugute kommt, unabhängig von Alter, Fähigkeiten oder Hintergrund. Wir setzen uns weiterhin dafür ein, den verantwortungsvollen und ethischen Einsatz von Technologie zu fördern und sicherzustellen, dass Menschen und Roboter in der Gesellschaft harmonisch zusammenleben können, während wir weiterhin die Möglichkeiten der Mensch-Roboter-Interaktion erforschen. Um den gleichberechtigten Zugang zu und die Teilnahme an Mensch-Roboter-Interaktionen zu fördern, müssen Roboter und Schnittstellen geschaffen werden, die verständlich, benutzerfreundlich und für Menschen mit unterschiedlichen Anforderungen und Vorlieben zugänglich sind. Darüber hinaus ist die Förderung einer Kultur verantwortungsvoller Innovation und Verantwortung bei der Entwicklung und dem Einsatz von Robotertechnologie von entscheidender Bedeutung, um gesellschaftliche Anliegen anzugehen und sicherzustellen, dass die Vorteile der Mensch-Roboter-Interaktion die Risiken und Herausforderungen überwiegen. Darüber hinaus sind Anstrengungen zur Beseitigung von Ungleichheiten beim Zugang zu Robotertechnologie, wie z. B. Erschwinglichkeit, Verfügbarkeit und digitale Kompetenz, von entscheidender Bedeutung, um sicherzustellen, dass alle Menschen die Möglichkeit haben, vom Potenzial der Robotertechnologie zur Verbesserung ihres Lebens und ihres Wohlbefindens zu profitieren. Um ethische, rechtliche und soziale Aspekte im Zusammenhang mit der Mensch-Roboter-Interaktion zu identifizieren und anzugehen, müssen Interessengruppen – wie Forscher, Ingenieure, politische Entscheidungsträger, Ethiker und Organisationen der Zivilgesellschaft – miteinander zusammenarbeiten und kommunizieren. Darüber hinaus ist es wichtig, Rahmenbedingungen für Governance und

Regulierung zu schaffen, die den verantwortungsvollen und ethischen Einsatz der Robotertechnologie gewährleisten, da Menschen und Roboter zunehmend in verschiedenen Bereichen interagieren und zusammenarbeiten. Dies liegt daran, dass Bemühungen, die Öffentlichkeit in Diskussionen über die Auswirkungen der Robotiktechnologie einzubeziehen und Einzelpersonen zur Beteiligung an Entscheidungsprozessen zu befähigen, von wesentlicher Bedeutung für die Förderung von Transparenz, Rechenschaftspflicht und Vertrauen in die Entwicklung und Nutzung der Robotiktechnologie sind. Die Entwicklung, der Einsatz und die Nutzung von Robotertechnologie unterliegen Richtlinien, Standards und Richtlinien, die wichtige Aspekte wie Sicherheit, Datenschutz und Haftung berücksichtigen. Regulierungsbehörden und politische Entscheidungsträger spielen in diesem Prozess eine entscheidende Rolle. Zusammenfassend lässt sich sagen, dass die Zukunft der Mensch-Roboter-Interaktion enorme Aussichten auf eine Veränderung der Art und Weise bietet, wie wir leben, arbeiten und mit Technologie interagieren. Die grenzüberschreitende Harmonisierung von Vorschriften und Normen und die Förderung globaler Standards für den ethischen Einsatz von Robotertechnologie erfordern internationale Zusammenarbeit und Zusammenarbeit. Roboter haben das Potenzial, eine immer wichtigere Rolle in unserem täglichen Leben zu spielen, von der Rolle als Begleiter und Betreuer bis hin zur Zusammenarbeit mit Menschen in verschiedenen Bereichen. Wir setzen uns weiterhin dafür ein, den verantwortungsvollen und ethischen Einsatz von Technologie zu fördern und dafür zu sorgen, dass Menschen und Roboter in der Gesellschaft harmonisch zusammenleben können.Wir bereichern unser Leben und fördern unsere gemeinsamen Ziele des Fortschritts und des Wohlbefindens, während wir weiterhin die Möglichkeiten der Mensch-Roboter-Interaktion erforschen.

Analyse der Beziehungsdynamik zwischen Menschen und Robotern

Die Mensch-Roboter-Interaktion (HRI) umfasst mehrere faszinierende und komplexe Aspekte der Dynamik von Mensch-Roboter-Beziehungen. Im Mittelpunkt dieses interdisziplinären Feldes steht das Verständnis, wie Menschen Roboter in verschiedenen Kontexten wahrnehmen, mit ihnen interagieren und sich auf sie beziehen. Bei der Analyse dieser Dynamik stellen Forscher einige wichtige Überlegungen an: Anthropomorphismus ist die Vorstellung, dass Roboter menschliche Eigenschaften haben.

Der Grad der Anthropomorphie eines Roboters kann einen erheblichen Einfluss darauf haben, wie Menschen mit ihm interagieren. Der Begriff „assistive Robotik" (AR) bezieht sich auf Roboter, die Menschen auf vielfältige Weise unterstützen sollen, beispielsweise bei ihrem körperlichen, sozialen, geistigen und emotionalen Wohlbefinden. Die Dynamik der Beziehung kann durch die Leistung dieser Roboter in ihren Rollen beeinflusst werden. Autonomie: Das Maß an Vertrauen und Vertrauen der Menschen in Robotersysteme kann durch den Grad der Autonomie eines Roboters oder seiner Fähigkeit, unabhängig zu agieren, beeinflusst werden. Benchmarks: Für die Entwicklung von HRI ist es wichtig, Standards für Roboterleistung, Sicherheit und ethische Überlegungen festzulegen. Verkörperung: Da Roboter reale Objekte sind, können ihr Design und ihre Form Einfluss darauf haben, wie Menschen mit ihnen interagieren. Das als galvanische Hautreaktion (GSR) bekannte physiologische Maß kann verwendet werden, um den emotionalen Zustand einer Person zu bewerten, die mit einem Roboter interagiert, und Einblicke in die Dynamik der Beziehung zu geben. Mensch-Computer-Interaktion (HCI): Während HRI speziell die Dynamik zwischen Menschen und physisch verkörperten Robotern untersucht1, konzentriert sich HCI auf die Interaktion zwischen Menschen und Computern. Sozial unterstützende Robotik (SAR): In diesem Bereich werden Roboter untersucht, die Menschen helfen, indem sie mit ihnen sozial und nicht physisch interagieren. Dies kann für die Altenpflege und Bildung wichtig sein. Der Begriff „sozial interaktive Roboter" (SIR) bezieht sich auf Roboter, die mit Menschen durch soziale Interaktionen interagieren, beispielsweise indem sie mit ihnen kommunizieren, ihre Gefühle ausdrücken und ihre sozialen Signale lernen. Ziel der Forschung ist die Entwicklung menschlicher Verhaltensmodelle, die Interaktionen mit Robotern antizipieren und verbessern können.

Damit HRI erfolgreich ist, müssen diese Modelle genau und vollständig sein, um Sicherheit, Leistung und Mitarbeiterzufriedenheit zu gewährleisten. Studien zeigen auch, dass Menschen stärkere Bindungen zu den Robotern entwickeln, die sie steuern, was sich darauf auswirken kann, wie halbautonome Roboter hergestellt werden und wie gut sie funktionieren. Zusammenfassend lässt sich sagen, dass zur Verbesserung des Designs und der Interaktion von Robotersystemen mit Menschen ein multidisziplinärer Ansatz erforderlich ist, der psychologische, soziologische und technologische Faktoren berücksichtigt, um die Dynamik der Beziehungen zwischen Menschen und Robotern zu analysieren.

Kapitel 16: Mechanische Technologie und ökologischer Schutz: Schutz der Natur durch innovative Maßnahmen

Um dringende ökologische Probleme anzugehen und die Natur für zukünftige Generationen zu schützen, ist die Einbeziehung der Robotertechnologie in Umweltschutzbemühungen eine vielversprechende Option. Innovative Lösungen für ein nachhaltiges Umweltmanagement bietet die Robotiktechnologie, die unter anderem die Reduzierung der Umweltverschmutzung und die Verhinderung der Zerstörung von Lebensräumen sowie die Überwachung von Ökosystemen und Wildtieren umfasst.

Eine der Hauptanwendungen der Robotertechnologie im Umweltschutz ist die Überwachung und Bewirtschaftung von Ökosystemen und Wildtierlebensräumen. In diesem Kapitel untersuchen wir die Rolle der Robotik beim Umweltschutz und das Potenzial technologischer Lösungen, zum Schutz der Natur beizutragen. Natürliche Landschaften können mit Hilfe unbemannter Luftfahrzeuge (UAVs), die mit Kameras, Sensoren und Fernerkundungstechnologien ausgestattet sind, vermessen und kartiert werden. Sie können auch zur Überwachung von Veränderungen in der Vegetation und Wildtierpopulationen eingesetzt werden. Darüber hinaus ermöglichen Unterwasserdrohnen und autonome Unterwasserfahrzeuge (AUVs) Forschern die Erkundung und Überwachung mariner Ökosysteme, die Bewertung von Korallenriffen und die Untersuchung der Unterwasser-Biodiversität an unzugänglichen Orten. Darüber hinaus verändert die Robotiktechnologie den Prozess der Erfassung und Analyse von Umweltdaten und ermöglicht es Forschern, große Mengen hochwertiger Daten auf eine Weise zu sammeln, die sowohl effektiver als auch präziser als je zuvor ist. Autonome Umweltüberwachungsstationen, die mit Sensoren zur Messung von Luft- und Wasserqualität, Temperatur, Luftfeuchtigkeit und anderen Umweltparametern ausgestattet sind, können Echtzeitdaten über die Gesundheit des Ökosystems und die Umweltbedingungen liefern. Dadurch ist es möglich, Umweltverschmutzung, Lebensraumzerstörung und andere Bedrohungen der Biodiversität früher zu erkennen. Darüber hinaus wird Robotertechnologie im Kampf gegen Umweltverschmutzung und Lebensraumzerstörung eingesetzt und bietet innovative Lösungen für die Sanierung kontaminierter Standorte, die Milderung der Auswirkungen von Ölverschmutzungen und die Wiederherstellung geschädigter Ökosysteme. Darüber hinaus sind KI-gestützte Datenanalysealgorithmen in der Lage, große Mengen an Umweltdaten zu verarbeiten und zu analysieren und Muster, Trends und Anomalien zu identifizieren, die als Grundlage für Schutzstrategien und Entscheidungen dienen können. Es ist möglich, Robotersysteme wie Drohnen und unbemannte Bodenfahrzeuge (UGVs) mit Sensoren und Probenahmegeräten einzusetzen, um Verschmutzungsquellen zu finden und zu überwachen, Umweltschäden zu bewerten und Proben zur Analyse und Sanierung zu sammeln. Darüber hinaus werden Aufforstungs- und Wiederbegrünungsbemühungen in Gebieten, die von Entwaldung, Waldbränden und Landdegradation betroffen sind, durch Roboterplattformen zur Wiederherstellung von Lebensräumen, wie autonome Systeme zur Saatgutverteilung und Pflanzdrohnen, ermöglicht. Auch wenn die Robotiktechnologie vielversprechend für den Umweltschutz ist, wirft sie auch wichtige Fragen und Herausforderungen in Bezug auf Ethik, Governance und die unbeabsichtigten Folgen technologischer Eingriffe auf. Um sicherzustellen, dass technologische Lösungen Menschenrechte und kulturelle Werte respektieren und zu gerechten und nachhaltigen Ergebnissen beitragen, müssen Bedenken hinsichtlich des ethischen Einsatzes von Robotik beim Umweltschutz sorgfältig geprüft werden, einschließlich Bedenken hinsichtlich Privatsphäre, Autonomie und den Rechten der Ureinwohner Gemeinschaften. Abschließend,Die Robotiktechnologie hat das Potenzial, Umweltschutzbemühungen zu revolutionieren, indem sie innovative Lösungen für die Überwachung, Verwaltung und Wiederherstellung von Ökosystemen und Lebensräumen von Wildtieren bereitstellt. Um den verantwortungsvollen und ethischen Einsatz der Robotertechnologie im Umweltschutz zu fördern, sind Bemühungen zur Bewältigung regulatorischer und politischer Herausforderungen wie Haftung, Rechenschaftspflicht und Rechte an geistigem Eigentum von wesentlicher Bedeutung. Neue Möglichkeiten für ein nachhaltiges Umweltmanagement bieten robotergestützte Umweltschutztechnologien, die von der Vermessung von Landschaften und der Überwachung der Artenvielfalt bis hin zur Beseitigung von Umweltverschmutzung und der Wiederherstellung geschädigter Ökosysteme reichen. Darüber hinaus sind Bemühungen zur Förderung der Zusammenarbeit und Partnerschaft zwischen Interessengruppen, darunter Forscher, Naturschützer, politische Entscheidungsträger, lokale Gemeinschaften und Technologieentwickler, von entscheidender Bedeutung, um die Wirkung der Robotertechnologie auf den Umweltschutz zu maximieren. Lassen Sie uns unserer Verpflichtung treu bleiben, den verantwortungsvollen und ethischen Einsatz von Technologie zu fördern und sicherzustellen, dass technologische Lösungen zum Schutz der Natur und zum Wohlergehen heutiger und künftiger Generationen beitragen. Wir können robotikgestützte Naturschutzstrategien entwickeln und umsetzen, die kontextrelevant, kultursensibel und sozial integrativ sind, indem wir interdisziplinäre Zusammenarbeit und Wissensaustausch fördern. Darüber hinaus sind Bemühungen zur Förderung von Innovation und Unternehmertum bei der Entwicklung und dem Einsatz von Robotertechnologie zum Umweltschutz von entscheidender Bedeutung, um neue Möglichkeiten zu erschließen und erfolgreiche Initiativen auszuweiten. Darüber hinaus sind Bemühungen, lokale Gemeinschaften in Naturschutzbemühungen einzubeziehen und zu stärken, wie z. B. Citizen-Science-Initiativen und partizipative Überwachung, von wesentlicher Bedeutung, um die Eigenverantwortung der Gemeinschaft und die Unterstützung für Naturschutzziele zu stärken und die langfristige Nachhaltigkeit von Naturschutzmaßnahmen sicherzustellen. Anreize, Zuschüsse und Preise für Robotikforschung und Umweltschutzinnovationen können Investitionen in vielversprechende Technologien und Lösungen fördern und die Kreativität anregen. Darüber hinaus sind Bemühungen zur Bewältigung der Herausforderungen beim Kapazitätsaufbau und beim Technologietransfer bei der Einführung und dem Einsatz von Robotertechnologie zum Umweltschutz von entscheidender Bedeutung, um sicherzustellen, dass technologische Lösungen diejenigen erreichen, die sie am meisten benötigen. Darüber hinaus können Initiativen zur Förderung der Kommerzialisierung der Robotikforschung und des Technologietransfers die Umsetzung wissenschaftlicher Entdeckungen in praktische Anwendungen erleichtern, die der Gesellschaft zugute kommen und zur ökologischen Nachhaltigkeit beitragen. Die Fähigkeit, Robotertechnologie effektiv bei Naturschutzaktivitäten einzusetzen, kann durch Schulungs- und Ausbildungsprogramme für

Naturschutzfachkräfte, Techniker und lokale Gemeinschaften aufgebaut werden.Die Einführung und Anpassung der Robotiktechnologie in verschiedenen Umweltkontexten und -regionen kann auch durch Technologietransferinitiativen wie Partnerschaften zwischen Forschungseinrichtungen, Technologieentwicklern und Naturschutzorganisationen erleichtert werden. Darüber hinaus sind das öffentliche Bewusstsein und das Engagement für den robotergestützten Umweltschutz von entscheidender Bedeutung, um Unterstützung und Dynamik für Umweltschutzziele und -initiativen zu gewinnen. Öffentlichkeits- und Kommunikationskampagnen, die die Rolle der Robotertechnologie in Erfolgsgeschichten im Naturschutz hervorheben, innovative Lösungen und bewährte Verfahren hervorheben und die breite Öffentlichkeit in Aktivitäten im Zusammenhang mit Bürgerwissenschaft und Naturschutz einbeziehen, können das Bewusstsein für Umweltprobleme schärfen und zum Handeln und zur Teilnahme motivieren. Darüber hinaus hat die Robotertechnologie das Potenzial, Umweltschutzbemühungen zu revolutionieren, indem sie neuartige Lösungen für die Überwachung, Verwaltung und

Wiederherstellung von Ökosystemen und Lebensräumen von Wildtieren bietet. Zusammenfassend lässt sich sagen, dass die Robotiktechnologie das Potenzial hat, die Umweltschutzbemühungen zu revolutionieren, indem sie innovative Lösungen für die Überwachung, Verwaltung und Wiederherstellung von Ökosystemen und Wildtierlebensräumen bereitstellt. Neue Möglichkeiten für ein nachhaltiges Umweltmanagement bieten robotergestützte Umweltschutztechnologien, die von der Vermessung von Landschaften und der Überwachung der Artenvielfalt bis hin zur Beseitigung von Umweltverschmutzung und der Wiederherstellung geschädigter Ökosysteme reichen. Lassen Sie uns unserem Engagement für die Förderung des verantwortungsvollen und ethischen Einsatzes von Technologie treu bleiben und sicherstellen, dass technologische Lösungen zur Erhaltung der Natur und zum Wohlergehen heutiger und zukünftiger Generationen beitragen, während wir weiterhin Robotik zum Schutz der Umwelt einsetzen.Diese reichen von der Vermessung von Landschaften und der Überwachung der Artenvielfalt bis hin zur Beseitigung von Umweltverschmutzung und der Wiederherstellung geschädigter Ökosysteme. Lassen Sie uns unserem Engagement für die

Förderung des verantwortungsvollen und ethischen Einsatzes von Technologie treu bleiben und sicherstellen, dass technologische Lösungen zur Erhaltung der Natur und zum Wohlergehen heutiger und zukünftiger Generationen beitragen, während wir weiterhin Robotik zum Schutz der Umwelt einsetzen.Diese reichen von der Vermessung von Landschaften und der Überwachung der Artenvielfalt bis hin zur Beseitigung von Umweltverschmutzung und der Wiederherstellung geschädigter Ökosysteme. Lassen Sie uns unserem Engagement für die Förderung des verantwortungsvollen und ethischen Einsatzes von Technologie treu bleiben und sicherstellen, dass technologische Lösungen zur Erhaltung der Natur und zum Wohlergehen heutiger und zukünftiger Generationen beitragen, während wir weiterhin Robotik zum Schutz der Umwelt einsetzen.

Einsatz von Robotern für Naturschutzaktivitäten

Naturschutzbemühungen umfassen zunehmend den Einsatz von Robotern, um eine Vielzahl von Umweltproblemen anzugehen. Eine Übersicht darüber, wie Roboter Naturschutzbemühungen unterstützen, finden Sie hier: Überwachung von Arten und Datenerfassung Die Datenerfassung zu Arten und Lebensräumen wird durch Roboter, insbesondere Drohnen und autonome Unterwasserfahrzeuge (AUVs), verändert. Sie sind in der Lage, schwierige und abgelegene Gebiete zu durchqueren und ohne menschliches Eingreifen Daten über Artenpopulationen, Gesundheit und Verhalten zu sammeln, was für empfindliche Ökosysteme unerlässlich ist.

Beitrag zur Bestäubung Roboterbestäuber wurden als Reaktion auf den Rückgang natürlicher Bestäuber wie Bienen entwickelt. Um Pflanzenpopulationen und genetische Vielfalt in Ökosystemen zu erhalten, verhalten sich diese Roboter ähnlich wie Bienen. Allerdings steckt die Technologie noch in den Kinderschuhen und ihre möglichen langfristigen Auswirkungen auf die Umwelt werden noch bewertet. Kontrolle invasiver Arten Darüber hinaus werden Roboter eingesetzt, um invasive Arten aus Ökosystemen zu lokalisieren und auszurotten. Dadurch wird sowohl das Überleben einheimischer Arten als auch das Umweltgleichgewicht gefördert. Säuberung der Umwelt Die Säuberung verschmutzter Gebiete wie Strände und Ölverschmutzungen wird von Robotern unterstützt, wodurch die Auswirkungen von Umweltkatastrophen verringert werden. Auf der Biologie basierende Roboter Bioinspirierte Roboter sind dafür konzipiert, in natürlichen Umgebungen ohne Störungen zu arbeiten. Bei Naturschutzbemühungen können sie Aktivitäten wie Erkundung, Datenerfassung, Intervention und Wartung durchführen. Da sie so konzipiert sind, dass sie sich wie Tiere bewegen und spüren, sind diese Roboter nicht-invasive und langlebige Naturschutzwerkzeuge. Die Anwendung der Robotik im Naturschutz ist eine vielversprechende Entwicklung in der Umweltwissenschaft, da sie neuartige Strategien zur Erhaltung der biologischen Vielfalt und zur Verbesserung der Gesundheit von Ökosystemen bietet. Es wird erwartet, dass der Einsatz dieser Roboterwerkzeuge bei Naturschutzbemühungen mit dem technologischen Fortschritt an Umfang und Wirksamkeit zunimmt und das Feld verändert.

Kapitel 17: Wiederaufbau von Gemeinschaften nach Katastrophen mit Roboterinnovationen bei der Notfallwiederherstellung

Bei der Katastrophenbewältigung nach Naturkatastrophen und humanitären Krisen wird die Robotertechnologie immer wichtiger. Es bietet innovative Lösungen für schnelle Reaktion, Schadensbewertung und widerstandsfähigen Wiederaufbau. Roboter verändern die Art und Weise, wie sich Gemeinden nach Katastrophen erholen und wieder aufbauen – von der Suche und Rettung bis hin zur Reparatur der Infrastruktur und der Beseitigung von Trümmern. Eine der wichtigsten Anwendungen der Robotertechnologie bei der Wiederherstellung nach Katastrophen sind Such- und Rettungseinsätze, bei denen mit Sensoren, Kameras und Kommunikationssystemen ausgestattete Roboter durch gefährliche Umgebungen navigieren und Überlebende lokalisieren können, die in eingestürzten Gebäuden, Trümmern oder Trümmern gefangen sind. In diesem Kapitel werden wir die Rolle von Roboterinnovationen bei der Wiederherstellung nach Katastrophen sowie ihre Auswirkungen auf den Wiederaufbau von Gemeinschaften und die

Wiederherstellung von Lebensgrundlagen untersuchen.

Bodenroboter und unbemannte Luftfahrzeuge (UAVs) mit Wärmebildkamera, LiDAR und anderen Sensortechnologien können von Katastrophen betroffene Gebiete überwachen, Lebenszeichen lokalisieren und Rettungsteams wichtige Informationen liefern, wodurch Such- und Rettungseinsätze effektiver und effizienter werden. Außerdem können spezialisierte Roboter wie schlangenartige Roboter und unbemannte Unterwasserfahrzeuge (UUVs) an enge Stellen und Unterwasserumgebungen vordringen, was Such- und Rettungsteams die Arbeit in schwierigem Gelände erleichtert. Darüber hinaus revolutioniert die Robotertechnologie die Schadensbewertung in Katastrophengebieten, indem sie es ermöglicht, Infrastrukturschäden und Umweltgefahren schnell und genau einzuschätzen. Hochauflösende Kameras und LiDAR-Sensoren können in Fernerkundungsdrohnen eingesetzt werden, um nach beschädigten Gebäuden, Brücken, Straßen und anderen kritischen Infrastrukturen zu suchen. Die Drohnen versorgen Ingenieure und Planer dann mit detaillierten 3D-Karten und digitalen Modellen, anhand derer sie herausfinden können, wie stabil die Struktur ist und welche Reparaturen zuerst durchgeführt werden sollten. Darüber hinaus wird Robotertechnologie bei der Beseitigung von Trümmern und bei Aufräumarbeiten nach Katastrophen eingesetzt und bietet effiziente und sichere Lösungen für die Beseitigung von Trümmern, die Wiederherstellung des Zugangs zu kritischer Infrastruktur und die Vorbereitung von Standorten für den Wiederaufbau. Darüber hinaus können robotergestützte Sensoren und Überwachungssysteme Umweltgefahren wie verschüttete Chemikalien, Strahlungslecks und Kontaminationen von Luft und Wasser erkennen und bewerten. Dies ermöglicht rechtzeitige Reaktions- und Schadensbegrenzungsmaßnahmen zum Schutz der öffentlichen Gesundheit und Sicherheit. Mithilfe von Manipulatoren und Abbruchwerkzeugen können Roboterplattformen wie unbemannte Bodenfahrzeuge (Unmanned Ground Vehicles, UGVs) und Drohnen Trümmer beseitigen, Standorte in gefährlichen und instabilen Umgebungen ausheben und Schutt entfernen, wodurch der Aufräumprozess beschleunigt wird. Darüber hinaus ermöglichen autonome Bulldozer und Bagger, Robotersysteme, die Erde bewegen und einen Standort vorbereiten können, den schnellen Wiederaufbau von Einrichtungen und Infrastruktur in Katastrophengebieten. Doch obwohl die Robotiktechnologie vielversprechend für die Verbesserung von Katastrophenbewältigungsbemühungen ist, wirft sie auch wichtige ethische, sicherheitsbezogene und menschliche Auswirkungen auf. Um sicherzustellen, dass robotikgestützte Interventionen die Menschenwürde respektieren und das menschliche Wohlergehen fördern, müssen ethische Bedenken hinsichtlich des Einsatzes von Robotern bei der Katastrophenhilfe sorgfältig berücksichtigt werden, wie etwa Privatsphäre, Einwilligung und die Rechte der betroffenen Bevölkerungsgruppen. Zusammenfassend lässt sich sagen, dass die Robotiktechnologie die Bemühungen zur Wiederherstellung nach Katastrophen verändert, indem sie innovative Lösungen für Suche und Rettung, Schadensbewertung, Trümmerbeseitigung und Wiederaufbau in von Katastrophen betroffenen Gebieten bereitstellt. Darüber hinaus sind Bemühungen zur Berücksichtigung von Sicherheitsaspekten wie Risikobewertung, Schulung und Protokolle zur Zusammenarbeit von entscheidender Bedeutung, um den sicheren und effektiven Einsatz von Robotertechnologie bei Notfallwiederherstellungsvorgängen zu gewährleisten. Roboter helfen Gemeinden auf vielfältige Weise, sich nach Katastrophen zu erholen und wieder aufzubauen.Dazu gehören die Reduzierung von Risiken, die Rettung von Leben und die Beschleunigung der Wiederherstellungs- und Wiederaufbaubemühungen. Lassen Sie uns unserem Engagement für die Förderung des verantwortungsvollen und ethischen Einsatzes von Technologie treu bleiben und sicherstellen, dass robotikgestützte Interventionen zum Aufbau widerstandsfähiger Gemeinschaften und zur Wiederherstellung von Hoffnung und Stabilität angesichts von Widrigkeiten beitragen, während wir weiterhin die Kraft der Robotik nutzen Notfallwiederherstellung. Damit die Robotiktechnologie den größtmöglichen Einfluss auf die Wiederherstellung nach Katastrophen hat, ist es wichtig, Anstrengungen zu unternehmen, um die Zusammenarbeit und Koordination zwischen verschiedenen Interessengruppen wie Regierungsbehörden, humanitären Organisationen, Technologieentwicklern und lokalen Gemeinschaften zu fördern. Durch die Förderung von Partnerschaften und Wissensaustausch können Interessenträger umfassende und effiziente Katastrophenschutz- und

Wiederherstellungsstrategien entwickeln. Dadurch können sie die Fähigkeiten und Fertigkeiten einer Vielzahl von Akteuren nutzen. Darüber hinaus sind Bemühungen zur Förderung von Innovation und Unternehmertum bei der Entwicklung und dem Einsatz von Robotertechnologie für die Notfallwiederherstellung von entscheidender Bedeutung, um neue Möglichkeiten zu erschließen und erfolgreiche Initiativen auszuweiten. Darüber hinaus sind Bemühungen zur Einbindung und Befähigung lokaler Gemeinschaften in die Katastrophenvorsorge und -bewältigung, wie z. B. gemeindebasierte Katastrophenmanagementinitiativen und Schulungsprogramme, von entscheidender Bedeutung für den Aufbau von Widerstandsfähigkeit und die Förderung der Eigenständigkeit angesichts von Katastrophen. Anreize, Zuschüsse und Preise für Robotikforschung und Innovation in der Katastrophenhilfe und -wiederherstellung können Investitionen in vielversprechende Technologien und Lösungen fördern und die Kreativität anregen. Darüber hinaus sind Bemühungen zur Beseitigung regulatorischer und politischer Hindernisse bei der Einführung und dem Einsatz von Robotertechnologie für die Notfallwiederherstellung von entscheidender

Bedeutung, um sicherzustellen, dass technologische Lösungen sicher, ethisch und effektiv eingesetzt werden. Darüber hinaus können Initiativen zur Förderung des Technologietransfers und des Kapazitätsaufbaus in von Katastrophen betroffenen Regionen dazu beitragen, lokales Fachwissen und Kapazitäten für den Einsatz von Robotik bei Katastrophenbewältigungsbemühungen aufzubauen. Richtlinien und regulatorische Rahmenbedingungen für den Einsatz von Robotertechnologie bei der Katastrophenhilfe und -wiederherstellung können dazu beitragen, die Risiken unbeabsichtigter Folgen und Technologiemissbrauchs zu mindern, die Rechte und die Würde der betroffenen Bevölkerungsgruppen zu schützen und die Einhaltung von Sicherheitsstandards sicherzustellen. Darüber hinaus sind Bemühungen zur Sensibilisierung der Öffentlichkeit für die robotergestützte Katastrophenhilfe und deren Engagement für die Schaffung von Unterstützung und Dynamik für Katastrophenvorsorge- und -reaktionsbemühungen von entscheidender Bedeutung. Darüber hinaus sind Bemühungen zur Förderung globaler Normen für den verantwortungsvollen und ethischen Einsatz von Robotertechnologie bei der

Notfallwiederherstellung von wesentlicher Bedeutung. Es ist möglich, das Bewusstsein für Katastrophenrisiken zu schärfen und proaktive Maßnahmen zur Abmilderung ihrer Auswirkungen durch Aufklärungs- und Aufklärungskampagnen zu fördern, die die Rolle der Robotertechnologie bei der Katastrophenhilfe und -wiederherstellung hervorheben.Präsentieren Sie innovative Lösungen und bewährte Verfahren und beziehen Sie die Öffentlichkeit in Freiwilligen- und Interessenvertretungsaktivitäten ein. Zusammenfassend lässt sich sagen, dass die Robotertechnologie das Potenzial hat, die Bemühungen zur Wiederherstellung nach Katastrophen zu verändern, indem sie innovative Lösungen für Suche und Rettung, Schadensbewertung, Trümmerbeseitigung und Wiederaufbau in von Katastrophen betroffenen Gebieten bereitstellt. Darüber hinaus können Bemühungen zur Förderung der digitalen Kompetenz und der technologischen Kompetenz bei unterschiedlichen Zielgruppen Einzelpersonen in die Lage versetzen, Robotertechnologie für die Katastrophenvorsorge, -bewältigung und -wiederherstellung in ihren Gemeinden einzusetzen. Roboter helfen Gemeinden auf vielfältige Weise, sich nach Katastrophen zu erholen und wieder aufzubauen, unter anderem indem sie Risiken reduzieren, Leben retten und die Wiederherstellungs- und Wiederaufbaubemühungen beschleunigen. Lassen Sie uns unserem Engagement für die Förderung des verantwortungsvollen und ethischen Einsatzes von Technologie treu bleiben und sicherstellen, dass robotikgestützte Interventionen zum Aufbau widerstandsfähiger Gemeinschaften und zur Wiederherstellung von Hoffnung und Stabilität angesichts von Widrigkeiten beitragen, während wir weiterhin die Kraft der Robotik nutzen Notfallwiederherstellung.

Einsatz von Technologie zum Wiederaufbau nach einer Katastrophe

Nach einer Katastrophe sind Wiederaufbaubemühungen stark auf Technologie angewiesen. Im Folgenden sind einige Anwendungen der Technologie aufgeführt: Satellitendaten: Satellitenbilder können für die Bestimmung des Schadensausmaßes und die Planung des Wiederaufbaus von entscheidender Bedeutung sein. Beispielsweise basierten die Sanierungspläne in Sulawesi, Indonesien, auf Satellitendaten nach dem Erdbeben und dem Tsunami im Jahr 2018. Wiederaufbau der Infrastruktur: Die Idee des „Building Back Better" beinhaltet den Einsatz von Technologie, um die Widerstandsfähigkeit der Infrastruktur gegenüber zukünftigen Katastrophen zu stärken. Um die durch Überschwemmungen verursachten Schäden zu verringern, kann es erforderlich sein, Straßen zu entwerfen, die Wasser aufsaugen.

- Bautechnologie: Durch den Einsatz von Automatisierung und anderen Bautechnologien können Wiederaufbauvorgänge reibungsloser und in kürzerer Zeit ablaufen.

- Vom Menschen geschaffenes Bewusstsein (simulierte Intelligenz): Computerbasierte

Intelligenz verändert Fiasko-Reaktionen, indem sie Katastrophen antizipiert und plant, Reaktionsbemühungen verstärkt und mit lokalen Kräften arbeitet.

• Resilienztechnologien: Es werden neue Tools entwickelt, um die Menschen widerstandsfähiger gegen Katastrophen zu machen, etwa Tools zur Ausfallvorhersage von Versorgungsunternehmen und die Nutzung sozialer Medien zur genauen Kartierung von Katastrophenstandorten. Diese Technologien helfen nicht nur unmittelbar nach einer Katastrophe, sondern helfen auch bei der langfristigen Wiederherstellung und Resilienzplanung.

Kapitel 18: Persönliche Assistenten und Roboter: Das tägliche Leben mit KI-Begleitern neu definieren

Persönliche Assistenz verändert die Art und Weise, wie Menschen ihr tägliches Leben leben, indem sie Robotik und künstliche Intelligenz (KI) auf neuartige Weise einbezieht, die Produktivität, Benutzerfreundlichkeit und Wohlbefinden steigern. Die Art und Weise, wie Menschen mit Technologie interagieren und ihre täglichen Routinen verwalten, wird durch die Robotiktechnologie neu definiert, zu der virtuelle Assistenten, Roboterbegleiter und Betreuer gehören. Eine der Hauptanwendungen von Robotik und KI in der persönlichen Assistenz ist die Smart-Home-Automatisierung, wo miteinander verbundene Geräte und Sensoren eine nahtlose Steuerung und Verwaltung von Haushaltsaufgaben und -systemen ermöglichen. In diesem Kapitel untersuchen wir die Entwicklung von Robotik und KI in der persönlichen Assistenz und ihre Auswirkungen auf die Neudefinition des täglichen Lebens. Algorithmen zur Verarbeitung natürlicher Sprache und künstlicher Intelligenz (KI) ermöglichen es Smart-Home-Assistenten, auf Sprachbefehle zu reagieren, Zeitpläne zu verwalten und intelligente Geräte wie

Thermostate, Lichter, Haushaltsgeräte und Sicherheitssysteme zu steuern.

Dadurch werden die täglichen Abläufe komfortabler und effizienter. Darüber hinaus revolutionieren virtuelle Assistenten und KI-gestützte Schnittstellen die Art und Weise, wie Menschen mit Informationen interagieren und auf Dienste zugreifen. Roboterstaubsauger, Rasenmäher und andere autonome Geräte automatisieren die Hausarbeit und geben so Zeit und Energie für andere Aktivitäten frei. Befehle in natürlicher Sprache ermöglichen es Benutzern, auf relevante Informationen und Dienste zuzugreifen, Aufgaben zu verwalten und ihre Zeitpläne mithilfe virtueller Assistenten wie Siri, Alexa und Google Assistant zu organisieren, die personalisierte Unterstützung und Informationsabruf bieten. Darüber hinaus wird Robotertechnologie in tragbare Geräte und persönliche Gadgets integriert und bietet Einzelpersonen in verschiedenen Kontexten personalisierte Hilfe und Unterstützung. Darüber hinaus werden KI-gestützte Chatbots und virtuelle Agenten im Kundendienst, im Gesundheitswesen und in anderen Bereichen eingesetzt, um Benutzern personalisierte Unterstützung und Unterstützung zu bieten und so die Zugänglichkeit und Effizienz bei der

Servicebereitstellung zu verbessern. Tragbare Roboter wie Exoskelette und intelligente Prothesen machen es Menschen mit Behinderungen oder Mobilitätseinschränkungen einfacher und unabhängiger, alltägliche Aufgaben selbstständig zu erledigen. Persönliche Roboter und Begleiter mit KI-Algorithmen und Fähigkeiten zur sozialen Interaktion bieten auch Kameradschaft, Hilfe und emotionale Unterstützung für Bedürftige und bekämpfen so die Einsamkeit und soziale Isolation älterer und behinderter Menschen. Doch obwohl Robotik und KI vielversprechend für die Verbesserung der persönlichen Assistenz und der Lebensqualität sind, werfen sie auch erhebliche Bedenken hinsichtlich der Privatsphäre, der Sicherheit und des ethischen Einsatzes von Technologie auf. Um sicherzustellen, dass die Rechte und Interessen des Einzelnen gewahrt bleiben, müssen Bedenken hinsichtlich des Datenschutzes, der Überwachung sowie der Erhebung und Nutzung personenbezogener Daten durch KI-gestützte Systeme sorgfältig geprüft werden. Zusammenfassend lässt sich sagen, dass Robotik und künstliche Intelligenz das tägliche Leben mit innovativen Lösungen für die persönliche Assistenz neu definieren, die Komfort, Effizienz und Unterstützung bei der Bewältigung täglicher Aufgaben und Routinen bieten. Diese Lösungen sind von entscheidender Bedeutung für die Förderung des gerechten und ethischen Einsatzes von KI in der persönlichen Assistenz. Darüber hinaus sind Bemühungen zur Beseitigung von Vorurteilen und Einschränkungen in KI-Algorithmen, wie etwa Fairness, Transparenz und Rechenschaftspflicht, von wesentlicher Bedeutung. Die Art und Weise, wie Menschen mit Technologie interagieren und ihr tägliches Leben gestalten, wird durch die Robotiktechnologie verändert, zu der tragbare Roboter, virtuelle Assistenten, Smart-Home-Automatisierung und persönliche Begleiter gehören. Bemühungen zur Förderung von Inklusivität und Zugänglichkeit bei der Entwicklung und dem Einsatz von Robotik und KI in der persönlichen Assistenz sind von entscheidender Bedeutung, um sicherzustellen, dass diese Technologien allen Menschen zugute kommen, unabhängig von Alter, Fähigkeiten oder Hintergrund. Wir setzen uns weiterhin dafür ein, den verantwortungsvollen und ethischen Einsatz von Technologie zu fördern und sicherzustellen, dass robotikgestützte Lösungen dazu beitragen, das Wohlbefinden und die Lebensqualität aller Menschen zu verbessern. Zugänglichkeit und Benutzerfreundlichkeit für Menschen mit Behinderungen oder besonderen Anforderungen können durch die Schaffung benutzerfreundlicher Schnittstellen, intuitiver Interaktionsmodelle und inklusiver Funktionen, die eine Vielzahl von Vorlieben und Anforderungen berücksichtigen, verbessert werden. Darüber hinaus ist es wichtig, regulatorische und politische Herausforderungen bei der Einführung und dem Einsatz von Robotik und KI in der persönlichen Assistenz anzugehen, um einen verantwortungsvollen und ethischen Einsatz von Technologie zu fördern. Darüber hinaus ist es wichtig, regulatorische und politische Herausforderungen bei der Einführung und dem Einsatz von Robotik und KI in der persönlichen Assistenz anzugehen. Um sicherzustellen, dass die Rechte und Interessen des Einzelnen gewahrt bleiben, müssen die regulatorischen Rahmenbedingungen und Richtlinien, die die Entwicklung, den Einsatz und die Nutzung von KI-gestützten Systemen regeln, wichtige Aspekte wie Datenschutz, Sicherheit, Transparenz und Rechenschaftspflicht berücksichtigen. Darüber hinaus sind Bemühungen zur Förderung der Aufklärung und des Bewusstseins für Robotik und KI in der persönlichen Assistenz von entscheidender Bedeutung, um Einzelpersonen in die Lage zu versetzen, fundierte Entscheidungen über die Einführung und

Nutzung von Technologien zu treffen. Darüber hinaus sind Bemühungen zur Förderung der Transparenz und Erklärbarkeit von KI-Algorithmen und Entscheidungsprozessen von entscheidender Bedeutung für den Aufbau von Vertrauen bei Nutzern und Interessengruppen. Bildungs- und Schulungsprogramme, die den Menschen den verantwortungsvollen und effektiven Umgang mit KI-gestützten Systemen vermitteln, können die digitale Kompetenz verbessern und Menschen die Fähigkeit geben, Technologie für ihre persönliche und berufliche Weiterentwicklung zu nutzen. Darüber hinaus sind Bemühungen zur Förderung der interdisziplinären Zusammenarbeit und des Wissensaustauschs zwischen Interessengruppen, darunter Forscher, Entwickler, politische Entscheidungsträger und Endnutzer, von entscheidender Bedeutung, um Innovationen voranzutreiben und den Bereich Robotik und KI in der persönlichen Assistenz voranzubringen. Darüber hinaus können Bemühungen zur Sensibilisierung für die potenziellen Vorteile und Risiken von Robotik und KI in der persönlichen Assistenz sowie für bewährte Verfahren für einen ethischen und verantwortungsvollen Einsatz eine fundierte Entscheidungsfindung fördern und positive Ergebnisse für den Einzelnen und die Gesellschaft fördern.

Zusammenfassend lässt sich sagen, dass Robotik und künstliche Intelligenz das tägliche Leben mit innovativen persönlichen Assistenzlösungen neu gestalten, die Komfort, Effizienz und Unterstützung bei der Bewältigung täglicher Aufgaben und Routinen bieten. Stakeholder können unterschiedliche Perspektiven und Fachkenntnisse nutzen, um komplexe Herausforderungen anzugehen und innovative Lösungen zu entwickeln, die den Bedürfnissen und Vorlieben von Einzelpersonen in unterschiedlichen Kontexten und Umgebungen gerecht werden, indem sie Partnerschaften und Zusammenarbeit über Sektoren und Disziplinen hinweg fördern. Die Art und Weise, wie Menschen mit Technologie interagieren und ihr tägliches Leben gestalten, wird durch die Robotiktechnologie verändert, zu der tragbare Roboter, virtuelle Assistenten, Smart-Home-Automatisierung und persönliche Begleiter gehören.Lassen Sie uns unserem Engagement für die Förderung des verantwortungsvollen und ethischen Einsatzes von Technologie treu bleiben und sicherstellen, dass robotikgestützte Lösungen zur Verbesserung des Wohlbefindens und der Lebensqualität aller Menschen beitragen, während wir weiterhin die Leistungsfähigkeit von KI und Robotik in der persönlichen Assistenz nutzen.

Persönliche Betreuung bis hin zur Automatisierung des Hauses

Ein wachsender Bereich, der darauf abzielt, Einzelpersonen, insbesondere ältere Menschen, in ihrem täglichen Leben zu unterstützen, ist die Körperpflege durch Heimautomatisierung und Robotik. Eine Zusammenfassung, wie die persönliche Pflege und Heimautomatisierung durch Robotik verändert wird, lautet wie folgt: Pflege älterer Menschen: Roboter werden entwickelt, um älteren Menschen ein komfortables Leben in ihren Häusern zu ermöglichen. Sie können bei alltäglichen Aktivitäten wie Essen, Baden, Anziehen und dem Transport von einem Ort zum anderen helfen. Spezialisierte Systeme: Bei vielen dieser Systeme handelt es sich nicht um humanoide Roboter, sondern um spezialisierte Maschinen, die für bestimmte Aufgaben entwickelt wurden, beispielsweise Roboterstaubsauger. Sie können schrittweise implementiert werden und sind einfacher zu entwerfen und zu implementieren. Körperliche Hilfe: Einige Roboter sollen Menschen dabei helfen, in Stühle, Betten und andere Möbel ein- und auszusteigen, Rezepte zu befolgen, Handtücher zu falten und Medikamente zu verabreichen. Dadurch bleibt die Unabhängigkeit erhalten und der Bedarf an ständiger menschlicher Hilfe wird reduziert. Soziales und emotionales Engagement: Roboter fungieren auch als soziale Begleiter für ältere Menschen und engagieren sie sozial und emotional, um ihnen zu helfen, ihren kognitiven Verfall zu bewältigen und ihn zu verlangsamen. Sie können Therapie und Begleitung für Menschen anbieten, die einsam sind oder an Demenzerkrankungen leiden2. Automatisierung in der häuslichen Pflege Roboterprozessautomatisierung (RPA) nutzt künstliche Intelligenz und maschinelles Lernen, um sich wiederholende häusliche Pflegeaufgaben zu automatisieren, was sowohl für Patienten als auch für Pflegekräfte von Vorteil sein kann.

> **Zukünftige Entwicklungen:** Mit Fortschritten bei autonomen Fahrzeugen und anderen Technologien, die die Robotik weiter in die persönliche Assistenz und häusliche Pflege integrieren werden, entwickelt sich dieser Bereich rasant weiter. Bei der Integration von Robotik in die häusliche Pflege geht es nicht nur um Bequemlichkeit; Es geht auch darum, die Lebensqualität der Hilfebedürftigen zu verbessern und ihnen ein Leben in Würde und Unabhängigkeit zu ermöglichen.

Kapitel 19: Forschung und Entwicklung in der Robotik: Hindernisse und Chancen

Die Forschung und Entwicklung der Robotik steht an der Spitze der technologischen Innovation und birgt ein enormes Potenzial zur Lösung schwieriger Probleme und zur Erweiterung des menschlichen Wissens und der Fähigkeiten. Allerdings birgt die Robotik neben den Aufstiegsmöglichkeiten auch einzigartige Herausforderungen, die bewältigt werden müssen, um ihr volles Potenzial auszuschöpfen.

Eine der größten Herausforderungen in der Robotikforschung und -entwicklung besteht darin, Robustheit und Zuverlässigkeit von Robotersystemen zu erreichen, insbesondere in dynamischen und unvorhersehbaren Umgebungen. In diesem Kapitel untersuchen wir die wichtigsten Herausforderungen und Chancen in der Robotikforschung und -entwicklung sowie die Strategien zur Bewältigung des Weges zu Innovation und Fortschritt. Es ist wichtig sicherzustellen, dass Roboter unter einer Vielzahl sich ändernder Bedingungen sicher und effektiv arbeiten können, da sie zunehmend in realen Anwendungen wie der Fertigung, dem Gesundheitswesen und der Katastrophenhilfe eingesetzt werden. Um die Robustheit und Anpassungsfähigkeit von Robotersystemen zu verbessern, sind innovative Lösungen in Bereichen wie Wahrnehmung, Steuerung und Planung erforderlich, um Probleme wie Sensorunsicherheit, Umgebungsvariabilität und Systemkomplexität anzugehen. Darüber hinaus stellen Skalierbarkeit und Interoperabilität erhebliche Schwierigkeiten in der Robotikforschung und -entwicklung dar, insbesondere da die Robotiktechnologie zunehmend in komplexe Systeme und Netzwerke integriert wird. Die Förderung der Skalierbarkeit und Anpassungsfähigkeit von Roboteranwendungen erfordert die Schaffung modularer und standardisierter Schnittstellen und Komponenten, die es Robotersystemen ermöglichen, sich nahtlos in bestehende Infrastrukturen und Technologien zu integrieren und miteinander zu interagieren. Um die Koordination und Zusammenarbeit zwischen heterogenen Agenten zu verbessern, ist es wichtig, Interoperabilitätsprobleme in Multi-Roboter-Systemen und der Mensch-Roboter-Kollaboration anzugehen. Darüber hinaus stellt die Auseinandersetzung mit ethischen, rechtlichen und gesellschaftlichen Implikationen ein erhebliches Hindernis in der Robotikforschung und -entwicklung dar, insbesondere da Roboter zunehmend autonom und in der Gesellschaft allgegenwärtig werden. Um sicherzustellen, dass die Robotiktechnologie auf ethische, verantwortungsvolle und für die Gesellschaft vorteilhafte Weise entwickelt und genutzt wird, müssen Bedenken hinsichtlich Sicherheit, Datenschutz, Rechenschaftspflicht und den Auswirkungen der Robotik auf Beschäftigung und soziale Dynamik sorgfältig berücksichtigt werden. Darüber hinaus ist die Förderung interdisziplinärer Zusammenarbeit und Vielfalt in der Robotikforschung und -entwicklung von entscheidender Bedeutung, um Innovationen voranzutreiben und komplexe Herausforderungen aus mehreren Perspektiven anzugehen. Darüber hinaus sind Bemühungen zur Förderung von Transparenz, Rechenschaftspflicht und öffentlichem Engagement in der Robotikforschung und -entwicklung von entscheidender Bedeutung, um Vertrauen bei den Interessengruppen aufzubauen und sicherzustellen, dass die Vorteile der Robotiktechnologie gerecht verteilt werden. Durch die Zusammenführung von Forschern, Ingenieuren, politischen Entscheidungsträgern, Ethikern, Sozialwissenschaftlern und anderen Interessengruppen mit unterschiedlichem Hintergrund und unterschiedlichen Disziplinen ist es möglich, Kreativität, gegenseitige Befruchtung von Ideen und ganzheitliche Ansätze zur Bewältigung gesellschaftlicher Herausforderungen mithilfe der Robotertechnologie zu fördern. Zusammenfassend lässt sich sagen, dass die Robotikforschung und -entwicklung enorme Möglichkeiten bietet, komplexe Herausforderungen anzugehen und menschliches Wissen und Fähigkeiten zu verbessern. Zusätzlich,Bemühungen zur Förderung von Vielfalt und Inklusion in der Robotik-Gemeinschaft, einschließlich Initiativen zur Unterstützung unterrepräsentierter Gruppen und zur Förderung integrativer Forschungsumgebungen, sind von wesentlicher Bedeutung, um sicherzustellen, dass die Robotikforschung und -entwicklung die vielfältigen Perspektiven und Erfahrungen der Gesellschaft widerspiegelt. Allerdings müssen große Hindernisse wie Robustheit, Skalierbarkeit, Ethik und Vielfalt angegangen werden, bevor die Robotik ihr volles Potenzial entfalten kann. Wir können den Weg zu Innovation und Fortschritt in der Robotikforschung und -entwicklung ebnen und das volle Potenzial der Robotik zum Nutzen der Gesellschaft freisetzen, indem wir interdisziplinäre Zusammenarbeit fördern,

Innovationen fördern und einen verantwortungsvollen und ethischen Technologieeinsatz fördern. Bemühungen zur Förderung der Bildung und Ausbildung in der Robotikforschung und -entwicklung sind für die Förderung der nächsten Generation von Robotikforschern und -praktikern von entscheidender Bedeutung. Wir können Studenten dazu ermutigen, eine Karriere in der Robotik anzustreben und zu Fortschritten in diesem Bereich beizutragen, indem wir in MINT-Ausbildungsprogramme (Mathematik, Naturwissenschaften, Technik, Ingenieurwesen) sowie Robotikwettbewerbe und praktische Lernmöglichkeiten investieren. Darüber hinaus ist die Förderung der Zusammenarbeit und des Wissensaustauschs zwischen Wissenschaft, Industrie und Regierung von entscheidender Bedeutung, um Innovationen voranzutreiben und Forschungsergebnisse in praktische Anwendungen umzusetzen. Darüber hinaus können Bemühungen zur Förderung von Möglichkeiten für lebenslanges Lernen und berufliche Weiterentwicklung für Robotikfachleute gewährleisten, dass sie über die neuesten Entwicklungen und aufkommenden Trends in der Robotikforschung und -technologie auf dem Laufenden bleiben. Stakeholder können komplementäres

Fachwissen, Ressourcen und Infrastruktur nutzen, um Innovationen zu beschleunigen und komplexe Forschungs- und Entwicklungsherausforderungen im Bereich Robotik zu bewältigen, indem sie Partnerschaften und Kooperationsrahmen bilden. Darüber hinaus sind Bemühungen zur Förderung von Open Science und Open-Source-Entwicklung in der Robotikforschung und -entwicklung von entscheidender Bedeutung, um den Wissensaustausch voranzutreiben und den Fortschritt auf diesem Gebiet zu beschleunigen. Darüber hinaus können Bemühungen zur Förderung des Technologietransfers und der Kommerzialisierung der Robotikforschung die Umsetzung wissenschaftlicher Entdeckungen in marktfähige Produkte und Dienstleistungen erleichtern, die der Gesellschaft zugute kommen und das Wirtschaftswachstum vorantreiben. Forscher können große Herausforderungen in der Robotikforschung und -entwicklung effektiv bewältigen, indem sie offene Standards übernehmen, Daten, Code und Ressourcen teilen und die Zusammenarbeit über institutionelle und disziplinäre Grenzen hinweg fördern. Darüber hinaus stellt die Bewältigung von Finanzierungs- und Ressourcenbeschränkungen eine große Herausforderung in der Robotikforschung und -entwicklung dar, insbesondere bei Projekten im Frühstadium und mit hohem Risiko. Darüber hinaus können Bemühungen zur Förderung von Transparenz und Reproduzierbarkeit in der Robotikforschung die Glaubwürdigkeit und Zuverlässigkeit von Forschungsergebnissen erhöhen und es der breiteren Forschungsgemeinschaft erleichtern, Ergebnisse zu reproduzieren und zu validieren.Stakeholder können ein vielfältiges Portfolio an Robotik-Forschungsinitiativen unterstützen und Innovationen sowohl in der Grundlagenwissenschaft als auch in praktischen Anwendungen fördern, indem sie in Grundlagenforschung, angewandte Forschung und Technologieentwicklung über die gesamte Innovationspipeline investieren. Zusammenfassend lässt sich sagen, dass die Robotikforschung und -entwicklung enorme Möglichkeiten zur Bewältigung komplexer Herausforderungen und zur Weiterentwicklung des menschlichen Wissens und der Fähigkeiten bietet. Darüber hinaus können Bemühungen zur Förderung öffentlich-privater Partnerschaften, Risikokapitalinvestitionen und Crowdfunding-Initiativen zusätzliche Ressourcen und Fachwissen zur Unterstützung der Forschungs- und Entwicklungsbemühungen im Bereich Robotik mobilisieren. Wir können den Weg zu Innovation und Fortschritt in der

Robotikforschung und -entwicklung ebnen, indem wir zentrale Herausforderungen wie Robustheit, Skalierbarkeit, Ethik und Vielfalt angehen und interdisziplinäre Zusammenarbeit, Innovation und verantwortungsvollen Technologieeinsatz fördern. Wenn wir zusammenarbeiten, können wir das volle Potenzial der Robotik zum Nutzen der Gesellschaft freisetzen und die großen Herausforderungen bewältigen, vor denen die Menschheit im 21. Jahrhundert steht.

Navigieren an den Grenzen der Robotik-Innovation

Eine spannende Reise in einen Bereich, der Kreativität, Ingenieurskunst und Problemlösung kombiniert, um intelligente Maschinen zu schaffen, die eine Vielzahl von Aufgaben ausführen können, führt an die Grenzen der Robotik-Innovation. Da diese Maschinen immer stärker in unser tägliches Leben integriert werden, geht es bei der Robotik um mehr als nur Automatisierung. Dazu gehören auch Zusammenarbeit, Anpassungsfähigkeit und ethische Überlegungen. Im Folgenden sind einige bedeutende Innovationen in der Robotik aufgeführt: Ein Überblick über die Vergangenheit: Der Bereich der Robotik hat sich von frühen Automaten zu den hochentwickelten

Maschinen von heute entwickelt, mit bedeutenden Meilensteinen wie der Entwicklung künstlicher Intelligenz und den ersten Industrierobotern. Fakt versus Realität: Im indischen Film „2.0" veranschaulicht Chittis Figur die Ziele der Robotik und wie solche Darstellungen den Fortschritt in der realen Welt anregen. Anwendungen in der Industrie: Robotik verbessert die Effizienz, Präzision und Sicherheit bei bisher schwierigen oder riskanten Aufgaben und verändert Industrien. Künstliche Intelligenz und Robotik: Die Kombination von Robotik und künstlicher Intelligenz eröffnet neue Bereiche des Lernens und der Anpassungsfähigkeit und verschiebt die Grenzen der Autonomie und Entscheidungsfindung. DIY-Robotik: Es gibt eine blühende Community für DIY-Robotik, und Robotik-Bausätze fördern eine Kultur der Kreativität und Bildung unter Enthusiasten.

Herausforderungen und Ethik: Die Bedeutung einer verantwortungsvollen Entwicklung wird durch die Schwierigkeiten unterstrichen, die eine schnelle Entwicklung mit sich bringt, wie etwa die Verdrängung von Arbeitsplätzen und Bedenken hinsichtlich der Privatsphäre. Neue Trends: Die dynamische Zukunft, die in diesem Bereich vor uns liegt, umfasst neue Trends wie Soft Robotics und Schwarmrobotik. Der Bereich der Robotik steht vor einer beispiellosen Expansion und Transformation, da wir in eine neue Ära eintreten und uns auf unsere Häuser, Krankenhäuser und sogar den Weltraum ausdehnen. Es ist ein Bereich, der mit diesen hingebungsvollen mechanischen Begleitern unsere Zukunft prägen wird. Nehmen Sie die Reise in die Innovation an, bei der Mensch und Maschine koexistieren, und verschieben Sie die Grenzen dessen, was einst für unmöglich gehalten wurde.

Kapitel 20: Die Zukunft der Robotik: Trends vorhersagen und die Welt von morgen gestalten

Die Zukunft der Robotik ist vielversprechend für die Gestaltung der Welt von morgen, da wir uns einer neuen Ära nähern, die von technologischem Fortschritt und Innovation geprägt ist. Um die strategische Entscheidungsfindung zu steuern und sich auf die vor uns liegenden Chancen und Herausforderungen vorzubereiten, ist es wichtig, aufkommende Trends zu antizipieren und die potenziellen Auswirkungen der Robotik auf Gesellschaft, Wirtschaft und Kultur zu verstehen.

Die Konvergenz der Robotik mit anderen neuen Technologien wie künstlicher Intelligenz, maschinellem Lernen und dem Internet der Dinge (IoT) ist einer der Schlüsseltrends, die die Zukunft der Robotik prägen. In diesem letzten Kapitel werden wir die Zukunft der Robotik erforschen und uns die Entwicklung der Technologie und ihre transformativen Auswirkungen auf unser Leben und die Welt um uns herum vorstellen. Wir können mit einer neuen Generation intelligenter und autonomer Roboter rechnen, die in komplexen und dynamischen Umgebungen lernen, sich anpassen und zusammenarbeiten können, da die Robotiktechnologie zunehmend in KI-Algorithmen,

Datenanalysen und vernetzte Sensoren und Geräte integriert wird. Gesundheitswesen, Transport, Fertigung und Unterhaltung sind nur einige der Branchen, die von dieser Konvergenz der Technologien profitieren werden, die auch die Art und Weise verändern wird, wie wir leben, arbeiten und mit Technologie interagieren. Darüber hinaus bestimmen die Demokratisierung und Dezentralisierung der Robotiktechnologie, die es einem breiteren Spektrum von Menschen ermöglichen wird, an der Robotikforschung und -entwicklung teilzunehmen, die Zukunft der Robotik. Open-Source-Software und -Hardware, verteilte Fertigung und Plattformen für kollaborative Innovation demokratisieren den Zugang zur Robotertechnologie und geben Einzelpersonen und Gemeinschaften die Möglichkeit, ihre ganz eigenen Robotersysteme für ein breites Anwendungsspektrum zu entwerfen, zu konstruieren und zu implementieren. Der Aufstieg sozial und emotional intelligenter Roboter, die sinnvoll und einfühlsam mit Menschen interagieren können, wird auch die Zukunft der Robotik prägen. Diese Demokratisierung der Robotertechnologie wird Innovation, Unternehmertum und Kreativität an der Basis vorantreiben. Es wird auch auf die unterschiedlichen Bedürfnisse und Vorlieben der Gesellschaft eingehen. Es besteht eine wachsende Nachfrage nach Robotern, die menschliche

Emotionen, Absichten und soziale Signale verstehen und darauf reagieren können, da Roboter zunehmend in verschiedene Aspekte des täglichen Lebens integriert werden, wie z. B. Kameradschaft, Bildung, Pflege und Unterhaltung. Affective Computing, soziale Robotik und Mensch-Roboter-Interaktion haben es Robotern ermöglicht, menschliche Emotionen wahrzunehmen und zu interpretieren, Empathie und Mitgefühl zu zeigen und ihr Verhalten an soziale Kontexte anzupassen. Dadurch werden die Interaktionen zwischen Mensch und Roboter immer intensiver und bedeutsamer. Darüber hinaus wird die Zukunft der Robotik durch die zunehmende Autonomie und Verankerung von Robotern in der Gesellschaft durch die wachsende Bedeutung eines ethischen und verantwortungsvollen Technologieeinsatzes gekennzeichnet. Um sicherzustellen, dass die Robotiktechnologie auf ethische, gerechte und für die Gesellschaft vorteilhafte Weise entwickelt und genutzt wird, müssen Bedenken hinsichtlich Sicherheit, Datenschutz, Transparenz, Rechenschaftspflicht und den Auswirkungen der Robotik auf Beschäftigung und soziale Dynamik sorgfältig berücksichtigt werden. Zusammenfassend lässt sich sagen, dass die Zukunft der Robotik vielversprechend für die Gestaltung der Welt von morgen und für die Förderung des menschlichen Fortschritts und Wohlbefindens ist. Darüber hinaus sind Bemühungen zur Förderung von Vielfalt, Inklusion,und soziale Gerechtigkeit in der Robotikforschung und -entwicklung sind von entscheidender Bedeutung, um sicherzustellen, dass die Robotiktechnologie die vielfältigen Perspektiven und Erfahrungen der Gesellschaft widerspiegelt und die Bedürfnisse und Vorlieben aller Menschen berücksichtigt. Wir können die transformative Kraft der Robotik nutzen, um große Herausforderungen zu bewältigen, Innovationen zu fördern und eine gerechtere und nachhaltigere Zukunft für alle zu schaffen, indem wir aufkommende Trends antizipieren, die potenziellen Auswirkungen der Robotik auf die Gesellschaft verstehen und strategische Entscheidungen leiten. Lassen Sie uns gemeinsam auf diese Reise in die Robotik der Zukunft gehen und eine Welt gestalten, in der Roboter und Menschen harmonisch zusammenleben, unser Leben bereichern und unsere gemeinsamen Ziele von Fortschritt und Wohlstand vorantreiben. Bemühungen zur Förderung der interdisziplinären Zusammenarbeit und des Wissensaustauschs werden notwendig sein, um Innovationen voranzutreiben und komplexe Herausforderungen der Robotik in Zukunft anzugehen. Stakeholder können ganzheitliche Lösungen für gesellschaftliche Herausforderungen entwickeln und den verantwortungsvollen und ethischen Einsatz von Robotertechnologie fördern, indem sie Partnerschaften und Zusammenarbeit zwischen Disziplinen wie Ingenieurwesen, Informatik, Neurowissenschaften, Psychologie, Soziologie und Ethik fördern. Darüber hinaus werden Bemühungen zur Förderung der Robotikausbildung und der Personalentwicklung von entscheidender Bedeutung für die Vorbereitung der nächsten Generation von Robotikforschern, -ingenieuren und -praktikern sein. Darüber hinaus sind Bemühungen zur Einbeziehung und Befähigung verschiedener Interessengruppen wie politischer Entscheidungsträger, Branchenführer, Wissenschaftler und Organisationen der Zivilgesellschaft in Dialog- und Entscheidungsprozesse von wesentlicher Bedeutung, um sicherzustellen, dass die Vorteile der Robotiktechnologie gerecht verteilt sind und die Risiken und Risiken gerecht werden Herausforderungen werden effektiv bewältigt. Stakeholder können Studenten dazu ermutigen, eine Karriere in der Robotik einzuschlagen und zu Fortschritten in diesem Bereich beizutragen, indem sie in MINT-Ausbildungsprogramme, Robotik-Wettbewerbe und praktische Lernerfahrungen investieren. Darüber hinaus werden Bemühungen zur Bewältigung regulatorischer und politischer Herausforderungen in der Zukunft der Robotik von entscheidender Bedeutung sein, um einen verantwortungsvollen und ethischen Einsatz von

Technologie zu fördern und sicherzustellen, dass die Robotiktechnologie der Gesellschaft als Ganzes zugute kommt. Darüber hinaus können Bemühungen zur Förderung lebenslangen Lernens und beruflicher Weiterentwicklungsmöglichkeiten für Robotikfachleute sicherstellen, dass sie über die neuesten Entwicklungen und aufkommenden Trends in der Robotikforschung und -technologie auf dem Laufenden bleiben. Um sicherzustellen, dass die Robotiktechnologie auf moralische, gerechte und gesellschaftlich vorteilhafte Weise entwickelt und genutzt wird, müssen die regulatorischen Rahmenbedingungen und Richtlinien, die die Entwicklung, den Einsatz und die Nutzung der Robotiktechnologie regeln, wichtige Aspekte wie Sicherheit, Datenschutz und Transparenz berücksichtigen , Verantwortlichkeit und die sozialen Auswirkungen. Darüber hinaus,Bemühungen, die weltweite Beteiligung voranzutreiben, und koordinierte Anstrengungen zur Verwaltung mechanischer Technologie und zur Festlegung von Richtlinien können dazu beitragen, Richtlinien zu vereinen und weltweite Standards für den achtsamen und moralischen Einsatz mechanischer Technologie voranzutreiben. Letztendlich birgt das Schicksal der mechanischen Technologie eine enorme Verpflichtung zur Gestaltung der bevorstehende Szene und treibt den menschlichen Fortschritt und Wohlstand voran. Wir können die transformative Kraft der Robotik nutzen, um große Herausforderungen zu bewältigen, Innovationen zu fördern und eine gerechtere und nachhaltigere Zukunft für alle zu schaffen, indem wir aufkommende Trends antizipieren, die potenziellen Auswirkungen der Robotik auf die Gesellschaft verstehen und strategische Entscheidungen leiten. Lassen Sie uns gemeinsam auf diese Reise in die Robotik der Zukunft gehen und eine Welt gestalten, in der Roboter und Menschen harmonisch zusammenleben, unser Leben bereichern und unsere gemeinsamen Ziele von Fortschritt und Wohlstand vorantreiben. Um Unterstützung und Impulse für Forschungs- und Entwicklungsinitiativen im Bereich Robotik zu generieren, sind Anstrengungen zur Steigerung des öffentlichen Bewusstseins und des Engagements für die Robotik der Zukunft erforderlich. Es ist möglich, das öffentliche Bewusstsein für die transformativen Auswirkungen der Robotik auf die Gesellschaft zu schärfen und öffentliches Interesse und Beteiligung durch Aufklärungs- und Aufklärungskampagnen zu wecken, die die potenziellen Vorteile der Robotiktechnologie hervorheben, innovative Anwendungen präsentieren und häufige Missverständnisse und Bedenken ansprechen. Darüber hinaus können Bemühungen zur Förderung der computergestützten Bildung und der mechanischen Fähigkeiten bei verschiedenen Gruppen Menschen dazu bewegen, mechanische Technologieinnovationen für die individuelle und fachliche Entwicklung zu nutzen und so eine Kultur des Fortschritts und des Unternehmertums zu fördern. Darüber hinaus werden Anstrengungen unternommen, um kulturelle Schwierigkeiten anzugehen und beherrschbare Verbesserungen durch mechanische Technologieinnovationen voranzutreiben wird von grundlegender Bedeutung sein, um sicherzustellen, dass diese fortschrittlichen mechanischen Antriebe zum Wohlstand und Gedeihen der Gegenwart und der Menschen in der Zukunft beitragen. Interessengruppen können sich auf die Bewältigung dringender globaler Herausforderungen wie Armut, Ungleichheit, Klimawandel und Umweltzerstörung konzentrieren, indem sie ihre Forschungs- und Entwicklungsbemühungen im Bereich Robotik an den Zielen für nachhaltige Entwicklung (SDGs) der Vereinten Nationen ausrichten. Robotertechnologie kann als Werkzeug für positive soziale und ökologische Auswirkungen eingesetzt werden. Darüber hinaus sind die Bekämpfung von Vorurteilen, die Förderung von Vielfalt und Inklusion sowie die Abmilderung unbeabsichtigter Folgen von entscheidender Bedeutung, um sicherzustellen, dass Fortschritte in der Robotik zum Aufbau einer gerechteren, gerechteren und nachhaltigeren Gesellschaft beitragen. Welt. Um die Vorteile der Robotiktechnologie zu maximieren und globale Herausforderungen anzugehen, werden Bemühungen zur Förderung der internationalen Zusammenarbeit und Zusammenarbeit in der Zukunft der Robotik von entscheidender Bedeutung sein. Stakeholder können komplementäres Fachwissen, Ressourcen nutzen,und Infrastruktur zur Beschleunigung der Robotikforschung und -entwicklung und zur effektiven Bewältigung gemeinsamer Herausforderungen durch die Förderung von Partnerschaften und Wissensaustausch zwischen Nationen und Regionen. Zusammenfassend lässt sich sagen, dass die Zukunft der Robotik enorme Aussichten auf die Gestaltung der Welt von morgen und die Förderung des menschlichen Fortschritts und Wohlbefindens bietet. Darüber hinaus können Bemühungen zur Förderung des Technologietransfers und des Kapazitätsaufbaus in Entwicklungsländern und -regionen sicherstellen, dass Robotiktechnologie für alle zugänglich und erschwinglich ist. Wir können die transformative Kraft der Robotik nutzen, um große Herausforderungen zu bewältigen, Innovationen zu fördern und eine gerechtere und nachhaltigere Zukunft für alle zu schaffen, indem wir eine nachhaltige Entwicklung fördern, gesellschaftliche Herausforderungen angehen, die internationale Zusammenarbeit fördern und das öffentliche Bewusstsein und Engagement stärken. Lassen Sie uns die vor uns liegenden Chancen nutzen und gemeinsam eine Zukunft gestalten, in der die Robotertechnologie unser Leben verbessert, unsere Gemeinschaften stärkt und unsere gemeinsamen Ziele von Fortschritt und Wohlstand vorantreibt. Die Entwicklung einer Kultur der Innovation und des Unternehmertums in der Robotik wird für die Förderung von Wirtschaftswachstum und Wohlstand von entscheidender Bedeutung sein. Stakeholder können Investitionen fördern, Arbeitsplätze schaffen und neue Möglichkeiten für wirtschaftliche Entwicklung und Wettbewerbsfähigkeit eröffnen, indem sie ein Ökosystem fördern, das Forschung und Entwicklung, Technologietransfer und die Kommerzialisierung von Robotikinnovationen unterstützt. Darüber hinaus wird es von entscheidender Bedeutung sein, Herausforderungen im Zusammenhang mit Datenschutz, Sicherheit und ethischer Nutzung der Robotiktechnologie anzugehen, um Vertrauen bei den Interessengruppen aufzubauen und sicherzustellen, dass Fortschritte in der Robotik verantwortungsvoll und ethisch umgesetzt werden. Darüber hinaus können Bemühungen zur Förderung der Zusammenarbeit zwischen Wissenschaft, Industrie und Regierung sowie die Unterstützung von Start-ups und kleinen Unternehmen die Umsetzung der

Robotikforschung in marktfähige Produkte und Dienstleistungen beschleunigen. Um sicherzustellen, dass die Robotiktechnologie in einer Weise entwickelt und genutzt wird, die die Rechte des Einzelnen respektiert und das gesellschaftliche Wohlergehen fördert, müssen regulatorische Rahmenbedingungen und Richtlinien, die die Entwicklung und den Einsatz der Robotiktechnologie regeln, wichtige Aspekte wie Datenschutz, Cybersicherheit und algorithmische Transparenz berücksichtigen. Sie müssen auch Grundsätze wie Fairness, Rechenschaftspflicht und Transparenz fördern. Darüber hinaus muss die Beseitigung von Ungleichheiten beim Zugang zu Robotiktechnologie und -möglichkeiten Vorrang haben, um sicherzustellen, dass die Vorteile der Fortschritte in der Robotik gleichmäßig verteilt sind und niemand zurückgelassen wird. Darüber hinaus können Bemühungen zur Förderung des öffentlichen Dialogs und der Beteiligung an den ethischen und sozialen Auswirkungen der Robotiktechnologie ein gemeinsames Verständnis der Risiken und Chancen fördern, die mit Fortschritten in der Robotik verbunden sind. Einzelpersonen können befähigt werden, sich an der Robotik-Revolution zu beteiligen und zur Gestaltung ihrer Zukunft beizutragen, indem sie sich an Initiativen beteiligen, die die digitale Inklusion fördern.Überbrücken Sie die digitale Kluft und bieten Sie unterrepräsentierten Gruppen und marginalisierten Gemeinschaften Zugang zu Bildung und Ausbildung in der Robotiktechnologie. Darüber hinaus ist es wichtig, Vorurteile und Hindernisse für die Teilnahme an der Robotikforschung und -entwicklung sowie Vielfalt und Inklusion in der Belegschaft zu beseitigen, wenn die Robotikforschung und -entwicklung die vielfältigen Perspektiven und Erfahrungen der Gesellschaft widerspiegeln und Talente und Kreativität maximieren soll. Zusammenfassend lässt sich sagen, dass es große Hoffnung für die Zukunft der Robotik gibt, was die Förderung von Innovation, wirtschaftlichem Wachstum und sozialem Fortschritt betrifft. Wir können die transformative Kraft der Robotik nutzen, um eine bessere Zukunft für alle zu schaffen, indem wir eine Kultur der Innovation und des Unternehmertums fördern, ethische und soziale Fragen angehen und Inklusivität und Vielfalt in der Robotikforschung und -entwicklung fördern. Lassen Sie uns die vor uns liegenden Chancen nutzen und zusammenarbeiten, um eine Zukunft zu gestalten, in der die Robotertechnologie unser Leben verbessert, unsere Gemeinschaften stärkt und unsere gemeinsamen Ziele von Fortschritt und Wohlstand vorantreibt. Nutzen wir auch die Chancen, die vor uns liegen.

Vorstellung der nächsten Ära der Robotik-Integration

Es wird erwartet, dass bedeutende Fortschritte in den Bereichen künstliche Intelligenz, maschinelles Lernen und Automatisierung die nachfolgende Ära der Robotikintegration als eine Ära charakterisieren, die transformativ sein wird. Im Folgenden sind einige wichtige Vorhersagen und Trends aufgeführt, die voraussichtlich die Robotiklandschaft in Zukunft prägen werden: Intelligentere KI und maschinelles Lernen: Roboter werden intelligenter und können aus Daten lernen und sich an neue Situationen anpassen. Verbesserte sensorische Wahrnehmung: Roboter mit fortschrittlichen Sensoren werden in der Lage sein, tiefer mit ihrer Umgebung zu interagieren. Reibungslose Mensch-Roboter-Interaktion: Je stärker die Robotik im Alltag verankert wird, desto vernetzter wird die Welt. Demokratisierung der Robotik: Da die Kosten sinken, wird die Robotertechnologie für Privathaushalte, kleine Unternehmen und Bildungseinrichtungen erschwinglicher. Ethische und beschäftigungspolitische Überlegungen: Um ein harmonisches Zusammenleben zwischen Menschen und Robotern zu gewährleisten, werden im Zuge der Weiterentwicklung der

Robotik Veränderungen in der Bildung, der Kompetenzentwicklung und der Sozialpolitik erforderlich sein. Diese Entwicklungen werden nicht nur die Fähigkeiten der derzeit eingesetzten Robotik verbessern, sondern auch neue Anwendungen und Lösungen für eine Vielzahl von Branchen einführen, darunter das Gesundheitswesen und die Fertigung. Es ist in der Tat eine aufregende Reise, um die Zukunft der Robotik vorherzusehen und sich darauf vorzubereiten.

Danke

www.ingramcontent.com/pod-product-compliance
Lightning Source LLC
Chambersburg PA
CBHW050050230526
45470CB00004B/1465